JN439628

지극히 **작은** 자가
가장 **큰** 자

하재준 칼럼집

지극히 **작은** 자가 가장 **큰** 자

신아출판사

칼럼집을 펴내면서

신문의 역할을 생각할 때마다 사마천司馬遷의 사기史記에 나오는 주나라 여왕의 이야기가 떠오른다.

주나라 여왕厲王은 백성의 여론을 무시하고 일벌백계一罰百戒로 혹독한 정치를 했다. 그러자 그간 그렇게도 높았던 백성들의 불평불만의 소리가 강압정책에 못 이겨 잠잠했다. 이를 본 여왕은 기분이 좋아서 그의 신하인 소공召公에게 말했다. "보라, 그간 그렇게도 들끓었던 백성들의 불평불만의 소리가 강압정책을 쓰니 어떠한가? 이렇게 잠잠하지 않는가?" 이 말을 조용히 듣고 있던 소공이 대답하기를 "그것은 단지 입을 막아버렸기 때문입니다. 백성들의 입을 막는 일은 흐르는 강물을 막는 것보다 더 위험한 일입니다. 물이 둑을 무너뜨리는 날에는 상상할 수 없는 엄청난 일이 일어납니다. 그러므로 물이 순조롭게 흐르도록 해야 하듯이 백성들에게 입을 열고 자유롭게 말할 수 있도록 해야 합니다."라고 했다.

그렇다. 여론을 존중할 때 그 사회는 바람직하게 발전을 거듭 하는 것이요, 그 나라 또한 치국안민治國安民이 이루어지는 것이다. 문제는 어떠한 여론이냐가 문제다. 사람의 위대함은 맑은 영혼에 있듯이 여론은 어디까지나 국민의 여론이어야 한다. 국가를 염려하고 발전을 도모하는 그런 투명한 여론이어야 한다. 국민의 혼을 오염시키는 여론이어서는 결코 안 된다.

우리는 너무 시끄러운 세상에 살고 있다. 그러나 사실은 세상이 시끄러운 것이 아니라 우리들이 시끄러운 세상을 만들어 가고 있지나 않는가. 여기서 '지극히 작은 자가 가장 큰자'임을 재삼 느낀다.

이 책에 등재된 글은 지난 2006년부터 2010년 4월까지 부천자치신문에 실린 자치칼럼으로서 총 150여 편 중 51편을 골라 모은 것이다. 이 글들은 주로 시간의 흐름에 구애 없이 읽어도 될 만한 글들을 모았고 이것을 다시 테마별로 5부로 엮어보았다.

이 칼럼집을 펴내면서 퍽이나 염려스러운 바는 이 글들이 혹시나 독자들의 맑은 영혼을 혼탁하게 하지나 않을까. 그리고 오염시키지나 않을까 조심스럽다. 이는 우리의 옛말에 "구개신기산口開神氣散 이요, 설동시비생舌動是非生 이란 말이 있다." 이 말은 '입을 열면 신기로운 기운이 나와야 하는데 혀를 함부로 놀리니까 시비를 일으킨다.'는 뜻이다. 참으로 마음속 깊이 되새겨 봐야할 말이다. 그러기에 필자는 한편의 칼럼을 쓸 때에 단어 하나를 택하는 데도 꼬집는 말보다 설득하는 말과 권유의 말을 택하는데 심혈을 기울였다. 남들이 뭐라고 하든 관여치 않았다.

저자는 부천자치신문 논설주간으로서 앞으로 얼마나 글을 쓸지 모르겠다. 현재 나이가 후배들에게 자리를 물려주어야 할 때가 훨씬 지났기 때문이다. 재직하는 그날까지 바른 마음으로 정직하게 글을 쓰겠다. 앞으로도 애독자들의 아낌없는 지도 편달을 바란다.

그리고 이같이 어설픈 글을 펴 주시겠다고 쾌히 승낙하고 원고를 접수하신 신아출판사 서정환 사장님과 수고하시는 임직원님께 심심한 사의를 표한다.

2010년 4월 30일

月夕 서재에서 저자 河 在 駿

제1부 신념의 삶을 찾아서

제2부 희망의 창을 열고

第3部 사랑의 실천을 기대하며

제4부 아름다운 삶을 위하여

第5부 동트는 새날을 맞이하여

제1부

신념의 삶을 찾아서

새 대통령에 건 우리의 기대

– 대통령 취임에 즘하여 –

오는 25일은 제 17대 대통령 취임일이다. 역사적으로 길이 남을 이명박 대통령으로서 치세治世를 펴는 날이다. 그러기에 온 국민이 취임할 대통령을 경하해 맞이할 날이요. 국가의 무궁한 발전을 위해 한마음 한뜻으로 힘을 모아 협력할 것을 다짐해야할 날이다. 얼마나 경사스러울 날이요, 뜻 깊은 날인가.

우리는 지난날 대선 과정에서 겪었던 BBK 사건 등 온갖 씻을 수 없는 일들이 그의 마음의 상처가 되어 아직까지 남아 있을 줄 안다. 그러나 그러한 것들은 큰일을 이루기 위해 겪어왔던 한낱 과정으로 여기고 지금 국내외적으로 긴박한 난제들을 풀어나가는데 전념하는 것이 정도인 줄 안다.

그분은 이 나라 대통령으로 당선되고 난 다음날인 지난 해 12월 20일 당선 첫 일정으로 서울 국립현충원을 방문했을 때 그곳 방명록에 "국민을 잘 섬기겠습니다. 국민에게 희망을 드리겠습니다." 라고 기록했는데 우리는 이 의미를 깊이 받아드려 가슴에 되새기고 있다.

이 글을 쓰기 위해 붓을 들고 방명록을 바라보며 잠시 머물렀는데 과연 그 순간 무얼 생각했을까. 우선 먼저 새 대통령이 믿는 하나님께 감사했을 것이고 그리고 무엇을 쓸 것인가를 신神에게 물었을 것이다. 그러기에 예수가 제자의 말을 씻어주며 섬김의 본을 보여주었던 그 도리로 국민을 섬기라고 '하나님의 영감을 받아 쓴 글'이라 믿는다.

대한민국과 더불어 영원히 남길 '국민과의 약속'의 말을 한낱 순간의 감격이나 개인의 감정에 의하여 기록했으리라고는 결코 보지 않기 때문이다.

섬김은 낮은 자세라야만이 이루어진다. 그러나 사람들은 섬김을 받으려고 높은 곳을 향해 끊임없이 올라가려고 줄기차게 기를 쓰고 있다. 그런데도 새로 취임할 이명박 대통령은 국민을 섬기겠다고 낮은 자세를 취하고 있다.

물은 낮은 곳으로 흐른다. 마냥 순조롭게 흐르는 것이 아니라 커다란 바위를 만나면 돌아 가야하고 험상궂은 계곡을 만나면 찢기고 갈라지는 아픔을 느껴야하며 천길만길 낭떠러지를 만나면 산산이 부서지는 처절함을 당하지만 그때마다 또다시 묵묵히 흐르고 흘러 강으로 가고 마침내는 바다에 이르는 것이다.

바다에 이른 그 물은 드디어 수증기로 변하여 자연스럽게 높은 하늘에 오르고 그것이 구름이 되어 가뭄에 시달리고 목말라 애타는 땅에 단비로 내려 만백성을 살려내고 풍요를 이루어 내는 것이다. 이것이 낮은 자세로 국민을 섬기는 원리다. 국민 앞에 군림하는 통치자가 아니라 국민을 섬기는 낮은 자세로 임하는 정치다 이것이야말로 근본을 이룬 정치의 본질이요, 민주주의를 이루는 최고의 정치다.

조선건국의 송축頌祝과 후왕侯王의 권계로 이루어진 용비어천가龍飛御天歌에서 경천근민敬天勤民이란 말이 나온다. 그 말은 하늘을 공경하고 백성을 부지런히 다스리란 말이다. 이렇듯 며칠 후면 취임할 이명박 대통령 역시 하늘의 뜻을 받들어 정치철학을 펴기 위해 국민을 섬기겠다고 했고 국민에게 희망을 드리겠다고 만천하에 선포했던 것이다.

앞으로 출범할 정부는 대통령으로 당선된 뒤 첫 기자회견을 가질 당시 천명했듯이 선진화를 위한 방안으로 '화합속의 변화'를 다짐했다.

대한민국 건국 이래 반세기가 넘도록 병패였던 사회적 갈등과 대립, 반목反目을 치유하고 화합의 정치를 펴면서 경제의 선진화와 삶의 질의 선진화시대를 열겠다고 했다. 그리고 그 '변화'는 기초질서와 법질서를 바로 세우는 데서 출발하겠다고 했다. 그 의미에는 분명 원칙이 통하는 정치까지를 포함한 말이라 여겨진다. 그러므로 우리 모두가 그 길을 향해 출범할 정부에게 기대를 걸면서 부디 초심을 잃지 말고 우리 사회의 그늘진 곳까지 모두 보듬고 가는 큰정치로 경제와 삶의 질을 함께 이루어 나갈 것을 온 국민과 함께 간곡히 기대한다.

(2008. 2)

말(言語)은 핵무기보다 더 큰 위력으로 폭발한다

말의 힘은 핵무기보다도 더 큰 위력을 지니고 있음을 다시 한 번 통절히 느낀다.

특히 정치가의 한마디는 엄청난 파장을 불러온다. 수천만 군중들이 그 말 한마디에 죽음과 맞싸우는 아비규환의 상황인데도 한 가닥의 희망을 가지기도 하고 이와 반대로 잠잠 하려고 했던 민중들을 또 다시 요동시켜 분노로 폭발케도 한다.

그 한 예로 지난 5월 12일 중국 쓰촨성 대지진 참사에 급히 찾아간 원자바오 총리의 한 마디는 대지진으로 무너진 건물 더미 속에서 비명과 함께 완전히 절망에 처져 있는 그들에게 큰 희망을 안겨주었다.

한 밤중에 메가폰을 든 원자바오는 "제가 왔습니다. 총리가 왔습니다. 지금 군대가 여러분들을 구출하기 위해 급히 달려오고 있습니다.

조금만 참아주십시오.” 울음 섞인 그 한마디는 매몰된 생존자에게 희망을 안겨주었다. 그러기에 그 비명소리마저 순간 잠잠해졌던 것이다. 그 가족들 역시 얼마나 감동이 되었으면 원자바오를 향해 수없이 절을 했던가. 이것은 국가에 대한 감사의 뜻이기도 하다. 뿐만 아니었다. 울고 있는 어린이들을 끌어안고 “울지 마라. 걱정하지 말아라. 너희들은 국가에서 책임을 질 것이다.” 눈물을 흘리며 다독거리는 그 모습이 TV에 생중계 되었을 때 이를 시청한 우리에게도 얼마나 감동이 되었는지 모른다.

우리의 현 정치상황은 어떠한가. 민심이 흉흉해지고 정부에 대한 불신이 커지는 그 시점에 서 있는데도 정운천 농림수산식품부 장관은 지난 5월 30일 ‘미국산 쇠고기의 새 수입조건을 담은 고시를 발표’하므로 기름에 불을 던지는 격이 되었고 요즘에 와서는 ‘폭력시위, 이젠 법대로 대응하겠다.’ ‘폭력시위, 종지부를 찍겠다. 으르렁대며 무차별 곤봉을 휘두르고 방패로 또는 군화발로 짓찧는 그 모습, 이를 연일 뉴스 시간에 지켜보고 있는 시청자들은 자연 주먹을 부릅쥐지 않겠는가? 물론 이해가 간다. 얼마나 답답했으면 그러하겠는가. 그러나 그 도리밖에 더 없단 말인가. ’60년대 유신정권이 들어서려던 그 때에는 오늘의 촛불집회와 비교도 되지 아니하였다. 젊은이, 시민들 할 것 없이 생사를 내걸며 결사반대를 외치던 데모대였다. 당시 박대통령은 TV 방송국에 나와 간절한 호소로 국민을 설득시켰고 그 뒤 유신을 발표했다.

아무리 서슬이 시퍼렇던 당시의 독재정권에서도 국민들을 이처럼 설득시켰는데 어찌 하여 현 정부에서는 강경 태세로만 일관하는지 모르겠다.

이 일이 발단에서부터 오늘에 이르기까지 중요한 원인은 '의사소통의 부재'인 것이다. 국민을 충분히 이해시키지 못한 채 과욕에 넘쳐 밀어붙이기식 정책을 펴왔기 때문이다. 건설회사 CEO 때처럼 그런 리더십은 안 된다. 독재정치라고 한다면 가능하다. 듣지 않으면 총칼을 들이대기에 안 들을 수 없지만, 적어도 민주주의 정치를 실행하는 오늘의 대통령은 반대세력마저도 폭넓게 포용하는 리더십을 가져야 한다. 아무리 옳고 성급한 일이라 할지라도 절차를 무시한 채 과욕이나 과속을 하면 반드시 부작용이 일어나는 것이 민주주의 이치다.

현재 이명박 대통령은 시련을 겪고 있다. 그러나 이제는 정부를 믿고 기다려야 할 때라고 본다. 그 이유는 촛불집회를 통하여 전 국민의 의사가 무엇인가를 충분히 알렸기 때문이다.

국민을 섬기겠다고, 국민에게 희망을 주겠다고 굳게 다짐한 정부다. 그리고 경제선진화와 삶의 질의 선진화 시대를 반드시 열겠다는 정부다. 그렇게 철석같이 국민에게 약속한 대통령이 여반장如反掌의 정책을 펴겠는가.

현재 국내외 문제가 산적해 있다. 미국산 쇠고기 수입문제를 비롯하여 고유가 쇼크, 원자재 가격 급등, 금융 불안 등 경제문제만 하더라도 이러하다.

촛불집회로 나라가 더 이상 엉망이 되어서는 안 되겠다. 경제 살리기에 찬물을 끼얹는 일이 되기 때문이다. 이젠 정부를 믿어보고 경제위기를 선회하도록 다 같이 힘을 보태주자.

(2008. 7)

참담한 역사 되풀이 되지 말아야 한다

- 前 대통령이 비리에 연루, 검찰에 소환된 것을 보고 -

역사란 과거의 기록일 뿐 아니라 미래를 향한 투자다. 더 좋은 미래를 위하여 더 좋은 씨앗을 심어 더 많은 열매를 거두려는 전승傳承과 창조創造의 운동이 역사다. 그런데 국가를 책임지고 국정을 이끌어왔던 전직 3명의 대통령이 부패혐의로 검찰에 끌려갔다는 것이 얼마나 부끄러운 일이요 참담한 역사로 이끌어 가는 것인가. 더욱이나 그것도 TV를 통해 전 세계에 전파되었으니 외국인들이 대한민국의 대통령을 어떻게 볼 것인가. 국가적인 면에서 볼 때 창피한 일이 아닐 수 없다.

다시는 이런 일이 되풀이 되어서는 아니 되겠다. 그러기에 이번 사건만은 한국 정치사에 이정표를 확고히 세운다는 의미에서라도 검찰은 한 점의 의혹도 없이 공평하고 명확하게 규명해야 할 것이다. 이러한 일이 또 한 차례라도 더 이루어진다면 이 나라의 명예는 완전 실추되어 그간 쌓아 놓은 빛마저 잃게 될 것이다. 선진국치고 이런 참괴한 일을 당하는 국가는 없기 때문이다.

노무현 전 대통령은 봉화마을을 떠나 검찰에 소환되어 나갈 때 "국민 여러분께 면목이 없습니다. 실망시켜 드려서 죄송합니다. 라고 했다. 그도 그럴 것이 그가 대통령 재임기간 동안 기회 있을 때마다 청렴성과 결백성을 강조해왔기에 전 국민들은 그의 말을 진실로 믿었다. 비록 국정엔 어수선했다고 하지만 그 차원만은 한국정치사에서 획기적인 발전을 가져올 줄 믿었다. 그런데 '믿는 도끼에 발등 찍힌다.'는 속담처럼 되어버렸으니 국민들의 실망은 물론 배신감마저 클 수밖에 없기에 국민 앞에 사죄함이 당연하다. 이런지 벌써 몇 달 채인가. 심지어 딸과 사위까지 소환 조사를 받고 있으니 말아다.

현직 이명박 대통령은 이러한 권력의 생리에서 완전 자유로워야 한다. 친인척과 실세주변을 잘 살펴서 미리부터 차단시킬 것은 차단시키고 엄중하게 다스릴 것은 다스려야 한다. 그래야만 이번 일들처럼 불미스러운 일이 추호도 발생하지 않을 것이고 한 점의 의혹도 없을 것이며 또 영구히 국민들로 하여금 존경받을 수 있기 때문이다.

그 한 예로 성경에 의하면 사무엘이 사울 왕에게 주권을 넘기면서 백성들 앞에서 말한 말이 떠오른다. 그는 그동안 "내가 누구의 재물을 빼앗았느냐? 누구를 속여 누구를 압제하였느냐? 네 눈을 흐리게 하여 누구의 손에서 뇌물을 받았느냐? 고 했을 때 백성들은 한결같이 당신이 우리들을 속이지 아니하였고, 압제하지 아니하였고, 누구의 손에서든지 아무것도 빼앗은 것이 없나이다." 하였다. 그러기에 사무엘은 당시 백성들에게도, 몇 천 년이 흐른 오늘날에도 인류로부터 존경의 대상으로 높임을 받고 있다.

존경 받을 수 있는 자는 인격人格을 갖추고 있어야 한다. 인격이란 사람(人)이 사람다운 자격(格)을 갖추었을 때 이르는 말이다. 그러므로 존경은 인격자에 한해서만 느끼는 감정이이라고 하겠다.

그런데 우리들은 착각하고 있다 흔히 권력 앞에 무릎을 꿇고, 돈 앞에 머리를 숙이거나 조아리고 있는 것이 존경의 마음인 것처럼 여긴다. 그러나 그러한 행동을 조용히 따져 보면 그의 인격을 존중해서 허리를 구부리는 것은 결코 아님을 '박연차 게이트'를 통해서 여실히 보고 느꼈을 것이다. 또 18세기 프랑스의 사상가이자 문학가인 퐁트넬의 말이 생각난다. "귀인貴人앞에서 나는 몸을 구부린다. 그러나 나의 혼은 굽히지 않는다." 라고 했다. 바로 이 말은 무엇을 대변해주고 있는 말일까.

인격은 상품처럼 진열해 놓은 물건과는 다르다. 물건은 사고 팔 수도 있고 마음대로 다른 물건과 바꿀 수도 있으며 때로는 줄였다 늘렸다 할 수도 있다. 그러나 사람은 다르다. 사람마다 그가 쌓아 올린 인격을 가지고 있기 때문에 바꿀 수 없다. 다시 말하면 인간의 인격은 개성을 지닌 생명체이기에 그러하다.

적어도 한 나라의 국정을 책임지는 대통령이라고 하면 혹은 정치인이라면 그는 반드시 인격을 지닌 사상가 이어야 한다. 그래야만 애민愛民도, 애국愛國도 마음 깊숙이에서 울어 나오는 것이다. 그렇지 아니하면 양두구육羊頭狗肉격인 정치인밖에 될 수 없으니 항상 그 뒤에는 반드시 구린내를 풍기는 것이다.

여기서 말하는 사상이란 자기가 옳다고 주장하고, 타인 즉 전 국민이 옳다고 느껴지는 그것을 위하여 자기 한 목숨을 기꺼이 초개草芥처럼 바쳐도 여한이 없는 그런 생각, 이것을 말한다. 적어도 한 나라의 대통령이 되려면 이러한 인격과 사상을 갖추고 있어야 한다. 그리고 정치인 역시 그래야 한다. 이래야만 역사에 길이길이 빛날 것이다.

(2009. 5)

'오일쇼크 명쾌한 대책'은 없는가

기름 값이 천정부지로 고가高價행진을 계속하고 있어 서민들의 숨통을 꽉 조이고 있다. 그런 압박감에서 신음하고 있는 서민의 고통을 풀어줄 명쾌한 대책은 없는 것인지? 참으로 답답하기만 하다.

정부에서는 그 대책을 마련하기 위해 지난 달 29일 대통령실장 주제로 열린 청와대 수석비서관 회의가 열렸다. 바로 그 전날 국무총리 주제 관계 장관회의에서 내 놓은 에너지'바우처' 제도를 가지고 신랄한 성토가 회의 내내 이루어졌다고 한다.

'바우처'가 뭔 소린지도 모르는데 그것을 서민대책이라 내놓았다는 질책과 함께 그걸 시행하려면 최소한 2, 3개월의 준비 작업이 필요 한데, 이렇게 슬로모션으로 해서야 하루가 시급한 서민 대책에 효과가 있겠느냐고 질책이 쏟아질 뿐 서민들의 한숨을 거둘 수 있는 대책은 거기에서도 없었다 한다.

에너지'바우처' 대책이란 무얼까. 영세업자 즉 서민들이 기름이나 가스, 전기요금, 난방비 등 에너지를 소비할 때 드는 비용 일부를 정부가 직접 보상해주는 방식의 대책이라 한다. 이는 지원 대상을 선정하는데 그 기준과 지원 방법, 규모, 정산 등 적지 않는 시간과 인력이 필요할 터인데 그러다 보면 〈망건 쓰다 장이 파한다.〉는 우리네 속담의 격이 꼭 어울리지 않을까.

석유의 국제원유 값이 고공행진 하는 동안 후속여파로 서민 경제가 흔들려 가계부의 비상사태까지 몰고 간 것이다. 정부가 지정한 52개 주 식료품 가격마저 뛰어서 정부로서도 난감해 하고 있다. 그런데 공공요금인 전기요금, 버스, 택시요금 등 인상이 본격적으로 서두르고 있으며 국토해양부도 건축비 조정계획을 밝혀 아파트 분양 인상까지 예고를 해놓고 있다. 그러니 도대체 안 오르는 물가가 어디 있는가? 이런 형편이라서 서민들은 허리를 죄어 매고 있는데 언제까지 허리를 더 옥죄어야 할 것인지? 이렇게 심하게 졸라매다가 만일 허리가 두 동강이라도 나면 그 때가서는 더 큰일이 될 터인데 심히도 걱정이다.

그러기에 대통령지지율이 20%대도 무너져 10%대에 이르지 아니한가. 현 정권은 '경제 살리기'라는 국민의 기대를 안고 출범한 정부다. 그러기에 국민들에게 더 큰 실망감을 주고 있는 것이다.

오일쇼크는 우리나라에만 해당되는 것은 아니다. 전 세계경제를 위축시키고 있다. 영국 경제 주간지 이코노미스트지 29일자의 보도를 우리나라 일간 경제신문에서 인용 보도했다. 그 기사에 의하면 현제 이루어지는 유가 고행진이 장기화될 전망이 높다고 내다보았다. 과거처럼 배럴당 몇 십 달러 저유가시대는 아예 끝난 현 상태에서 장기화 대책을 세워야 한다고 했다는 것이다. 미국에서도 주택경기 급랭과 유가쇼크라는 두 가지 악재가 동시 다발적으로 터져 미국경제를 옥죄고 있고 그 중에서도 식품 가격이 급등하여 그들도 신음하고 있다고 지적했다.

세계경제가 모두 그렇다고 대책 없는 대책회의만 계속할 것인가? "시대가 영웅을 낳는다."란 우리네 속담이 오늘의 상황을 두고 하는 말이 아닌가 싶다.

1961년에 공포된 이중 곡가제로 다 쓰러져가는 우리의 농촌을 살려내고 기아에 허덕이는 서민경제를 일으켜 경제대국의 기초를 이루었던 박정희 대통령의 결단력이 생각난다. 지금 이 상황도 그런 위대한 결단력이 필요할 때가 아닌가. 그 때의 가난한 정부에 비하면 오늘의 정부는 얼마나 부유한가.

이럴 때 일수록 정부는 경제논리에 어긋난다고 주저하지 말고 민생정책을 우선으로 세워 이를 슬기롭게 극복해야 할 것이다. 정치는 오직 민생을 위해 존재하는 것이다. 그러므로 모든 정책의 우선은 민생정책임을 명심해야 할 것이다.

(2008. 6)

지금이 나라를 사랑할 때다

옛말에 "국난 사량상國難 思良相"이란 말이 있다. 이 말은 국가가 어려울 때에는 사려가 깊은 어진 재상이 있어야 한다는 말이다. 그러나 오늘의 민주주의 국가에서는 나라가 어려울수록 어진 재상 하나의 힘으로서는 도저히 불가능하다. 전 국민이 일치단결하여 애국심을 발휘해야만 한다. 내 정당의 정책이 옳다고만 주장한다든가 자기가 소속하고 있는 이익사회 시스템 속에서 자기들의 주장이 정당하다고 하여 이를 관철시키려고 대립의 자리에 맞서게 된다면 이는 결코 국란은 타게 할 수가 없다.

우리는 지금도 생생히 기억하고 있다. 1997년 외환위기 당시 성인들은 물론이요, 세 살 먹은 어린애들까지 부모의 손을 잡고 고사리 손으로 금모우기에 동참했던 감격어린 그 모습, 전 국민이 하나가 되어 우리 힘으로 국란을 극복하겠다는 굳은 의지는 하늘도 감동하지 않을 수 없을 것이다.

뿐만 아니라 이 광경을 직접 또는 간접적으로 TV를 통하여 생중계하는 모습을 본 외국 사람들은 우리의 애국심에 감동을 받아 눈시울을 적신 자도 있었다 한다. 이러한 현상이 그 때의 일만은 아니다. 우리는 한강의 기적을 이룩한 민족이다. 당시 6 · 25 전쟁으로 완전 폐허된 상태에서도 정부 주도 아래 이루어진 청사진을 믿고 전 국민이 일치단결해서 희생을 감수한 민족이다. 이러한 정신이 발판이 되어 오늘의 경제대국을 이룩한 것이다.

그러므로 정부는 신뢰를 바탕으로 전 국민의 지지를 얻어야만 이번 위기도 극복할 수 있을 것이라 확신한다.

지금의 국가경제는 부도의 위기에 몰려 있는 것도 아니고 기업 재무구조나 은행 건전성 면에서도 다른 나라에 비해 그리 나쁘지 않는 편이라고 하는데도 극도의 공포에 짓눌리고 있다. 바닥을 가늠할 수 없을 정도로 무너져 내리는 주가와 원화 값만 보아도 그러하다. 코스피는 작년 11월 1일 2만85원 이었던 것이 겨우 1년 만에 지금은 8천원대이며, 원화 값 역시 달러당 1,500원을 넘어서지 않을까 가슴조리고 있는 실정이니 말이다.

물론 이러한 위기가 미국의 금융위기에서부터 전 세계를 공황상태로 몰아가고 있음이 사실이며 그 영향 아래 우리 경제가 어려움을 겪고 있는 실정임도 사실이다. 또 이번의 위기가 자본주의 중심지인 미국과 서유럽 국가들의 위기적 상황이기에 이 어려움이 쉽게 사라지지 않을 것이란 예측이 전문가들의 견해다. 그러기에 10여 년 전에 겪은 외환위기 상황처럼 쉽게 삭으라들지 않을 것으로 여겨진다.

이런 때일수록 우리는 현실을 직시할 줄 알아야하겠다. 예측을 불허하는 형편에 처해 있는 현 시점에서 온 국민이 소비지출을 지금보다 크게 줄여야할 것이라 여겨진다. 그리고 임금인상 투쟁이나 어떠한 단체의 이익을 앞세우기 전에 대의를 먼저 생각해서 자제할 줄 알아야 한다. 지금이 나라를 사랑할 때다.

(2008. 12)

4월이 주는 정치적 의미

– 투표율 최하위를 보며 '4·19 근본정신'을 되새겨본다 –

매년마다 4월이 오면 4 · 19가 생각이 나더니 이젠 4 · 9 총선도 또 곁들려야 하나? 18대총선결과 투표율이 최저임을 보면서 4 · 19 근본정신의 의미를 되새겨 보게 하기 때문이다.

4 · 19의 근본정신은 〈양심의 힘〉이다. 물론 1960년 3 · 15 부정선거와 당시 3억 원의 부정선거자금으로 발단이 된 것이었지만 부정선거와 그의 부정자금은 국민의 뜻을 배반한 〈검은 양심〉에서 기인한 것이었다. 그러기에 학생들의 고귀한 피, 양심의 힘이 계엄령 발포 앞에서도, 서슬이 시퍼런 독재정권 아성 앞에서도 이와 맞싸워 그를 무너뜨린 것이다.

이번 총선 투표율이 전국단위 선거사상 최하위였다고 하는 것은 무엇을 말해주고 있을까. 국민들이 새 정부에 큰 기대를 걸었는데 인수위부터 장관 인명에 이르기까지 크고 작은 일들로 실망이 너무

켰고 더욱이 돈 선거가 아직도 전국 곳곳에서 판을 치고 있기에 이런 결과를 보여주고 있지 않나 여겨진다.

돈은 부정부패를 일으키는 현대인의 선악과善惡果이다. 젊음의 피로 이룩한 4 · 19를 비롯하여 5 · 18 광주민주항쟁 등 무수히 흘린 그 피로 이 땅의 민주주의를 이룩했건만 돈의 선악과로 또다시 의義와 이理를 짓밟으려 한다는 생각이 가슴에 응어리지고 있는 상태에서 이번 선거를 치르게 됐으니 유권자들은 선거를 보이콧 한 것이라 여겨진다. 그러기에 이번 총선 투표율이 역대 전국단위 선거사상 최저 기록인 46%를 보인 것이다.

9일 중앙선관위에 따르면 전국 최저 투표율을 기록한 곳이 경기도 시흥(을) 선거구라고 한다. 총 유권자 13만5천 239명 중 4만 5천 942명만이 투표에 참여하여 34.0% 투표율을 기록함으로서 역대선거사상 최저 투표율 지구로 밝혀졌다. 그 다음으로 경기도 안산 단원(갑) 35.8%, 경기도 부천 원미(갑) 37.7%, 부산 사상 37.8%, 인천서구 강화(갑) 38.2%, 경기도 수원팔달 38.3%, 화성(을) 38.5%, 부산해운대 기장(갑) 38.8%, 경기도 성남수정 38.8%, 서울 강남(갑) 39.1%로서 최저 투표율 10위권에 속한 선거구다.

이같이 전국적으로 투표율이 30%대인 선거구가 무려 10개에 달하고 있는데 이 지역에서 당선된 국회의원들은 대표성에 큰 결함이 있지 않을까 여겨진다. 그 이유는 이 지역 유권자 10명 중 3명꼴밖에 투표를 하지 않았으니 어찌 떳떳한 지역대표라고 보겠는가.

퍽이나 안타까운 일은 우리지역인 부천 원미(갑)에서 당선된 국회의원도 이에 해당되며 경기도내 당선된 국회의원 5명 역시 이 범위

내에 속한다.

투표율이 이같이 낮은 또 다른 이유를 몇 가지를 더 들을 수 있겠다. 정당의 후보가 모두 마음에 들지 않아서, 아니면 정치체제에 대한 불만이 있어서, 혹은 후보자들을 잘 알지 못해서 등 여러 가지가 있을 것이다.

민주주의는 대의정치代議政治다. 국민들이 뽑은 의원들이 국민의 뜻을 모아 국정을 의결하는데 다수의 의결을 따라 결정하는 것이 민주주의 원리다. 그러기에 1948년 정부수립 이후 최다 투표율이 92%였고 최근까지 총합한 평균 투표율이 72%였는데 비해 18대 총선은 46%이니 너무도 부끄러운 결과가 아닌가.

이제 우리의 정치도 마음의 변화를 일으켜야 한다. 말로 아무리 떠들어 대도 국민들은 속지 않는다. 그리고 그럴싸한 정치제도만 아무리 바꾼다할 지라도 사상의 기초 없이는 또 다른 부패를 양산할 수밖에 없다. 마치 개가 토한 것을 도로 먹는 격이 될 것이다.

이번 당선된 국회의원들은 축제분위기에 젖을 때가 아니다. 그리고 여당 역시 승리했다 해서 안주할 때가 아니다. 국민이 바라는 것은 오직 진정한 화합과 타협으로 생성정치生成政治를 해달라는 것이다. 이대통령이 말했듯이 "역시 국민들은 정치보다 앞서가고 있다" 이 말의 의미를 명심하면서 국가의 번영과 지역의 발전 그리고 국리민복만을 위한 선량이 되기를 간곡히 기대해 본다.

(2008. 4)

선진국이 되려면 신뢰성이 회복되어야

2010년의 아침은 밝았고 벌써 새 해의 첫 주가 시작되었다.

새해 새아침의 햇살은 어느 해보다도 찬란했다. 붉은 태양이 칠흑 같은 어둠을 뚫고 수평선에서 힘차게 솟아 내뻗는 그 장관은 우리나라의 국운을 상징적으로 암시해주는 듯 했고 부천시가 무한히 뻗어 나가는 미래상을 보여주는 듯했다.

온 국민을 감동시킨 빅뉴스! 지난해 12월 27일 이 대통령은 내외신 기자회견에서 밝혔듯이 "이제 대한민국이 원전수출국으로서 앞으로 해외시장에 진출하는데 미국, 일본, 프랑스, 러시아, 캐나다와 어깨를 나란히 할 수 있게 됐다"는 보도에 세밀 분위기를 후끈하게 달궈 놓았다. 그도 그럴 것이 1978년 미국의 기술로 고리원전을 처음으로 가동한지 30여년 만에 당당히 세계 6위의 원전 수출국이 되었으니 얼마나 뿌듯한 일인가. 그것도 강대국인 프랑스를 물리치고 원전수주 국이 되었다는 것은 우리의 원전기술이 짧은 기간에 경이로운 발전을 거듭해 왔음을 보여주는 결과요, 더욱이 요즘 지구온난화로 녹색성장이 세계인들의 화두가 되고 있는 현 시점에서 볼 때 한국형 원전수출은 우리경제의 도약을 알리는 희망찬 출발신호가 아닐 수 없기 때문이다.

그리고 오는 11월에 개최될 G20 정상회의 의장국이자 주최국인 대한민국은 성공적으로 이루어질 때 지난 88올림픽 개최만큼이나 클 것이라고 예측하는 시각도 있다. 어쨌든 이번 기회가 선진국의 도약대가 돼야겠다. 또 세계에서 처음으로 원조를 받던 나라가 원조를 해주는 나라로 물질의 풍요를 이루었으니 얼마나 기쁜가.

이제는 우리나라가 선진국 반열에 올라야 한다. 그렇게 되려면 물질적 풍요 못지않게 정신문화가 수준에 이르러야 한다. 그래야만 대한민국의 파워가 형성되고 선진국으로서의 리더십이 이루어지는 것이다. 그러기 위해서는 무엇보다도 신뢰성이 이루어져야 한다. 국민들은 정부를 신뢰해야 하고 정부 역시 국민들을 신뢰해야 한다. 그리고 사람과 사람들끼리도 서로 믿고 의지해야 한다. 그런데도 우리의 현실은 어떠한가.

최근 모 일간지에 정갑영 교수가 발표한 내용에 의하면 세계가치관 조사(World Value Survey)에서 "사람을 믿고 대하는가."란 질문에 한국인은 10명 중 2.8명만이 '그렇다'고 답했다 한다. 이것은 스웨덴(6.8명)이나 핀란드(5.8명)는 물론 중국(5.2명)보다도 훨씬 낮은 수준이다. 삼성경제연구소 분석에서도 우리사회 신뢰도 수준, 특히 정부와 국회 등 정치인에 대한 신뢰도는 72개국 중 최하위라고 했다. 이런 가운데라면 무엇을 기대하겠는가. 서로의 불신은 갈등을 빚어내고 갈등은 파멸을 가져올 뿐이다. 이런 관점에서 볼 때 아무리 애써 쌓아 올린 금자탑이라 할지라도 모래위에 쌓은 누각과 같을 것이다.

그리고 금년은 지방선거가 있는 해이다. 선거를 6개월 앞두고 벌써부터 광역단체장을 비롯하여 기초의원에 이르기까지 여론이 무성하다. 가장 관심사는 어느 누가 어느 정당의 공천을 받느냐가 관심을 모아지는 것 같다. 정당공천제는 민주주의 정치발전에 두말할 나위도 없이 중요하지만 특정정당이 독점하는 상황이 벌어질 때 지방행정을 견제하는 지방의회 역할의 균형이 깨져 실상은 상실 되거나 혼란에 빠지는 예는 지난날의 의회사가 여실히 증명해주고 있는 것이다.

지난날을 돌이켜 볼 때 유력한 당의 공천이 곧 당선이라는 인식아래 유권자들은 안중에도 없고 오직 공천을 받기위에 중앙당의 눈치를 보는 파렴치한 후보들이 없었던가. 이번만은 그런 몰지각한 일들이 없어야겠다. 진정한 우리의 대변자를 뽑는 유권자들은 이점에 유의하여 예리한 메스로 그들을 단연히 수술 해내야겠다.

우리는 2010년을 정치적 경제적 지역발전의 도약의 해로 삼아 희망에 찬 거보가 되어야겠다. 그러기 위해서는 서로 믿고 의지하는 신뢰성이 회복되어야 한다.

(2010. 1)

6 · 2 지방선거를 우습게 여기지 말라

지방선거는 지역 일꾼을 뽑는 선거다. 그런데도 권력 실세들의 입김에 의하여 낙하산 공천으로 이루어진다는 후문과 추측이 난무하고 있는 실정이다. 그 한 예로 25일자 발행한 모신문 기사에 의하면 "XX의원의 사랑을 받고 있는 가운데 단독 후보 등록을 마치고"라고 했고 "XX위원장의 두터운 신임을 받고 있는 공천이 확실시 되고 있다."고 했다.

여야 가릴 것 없이 공천심사위가 참신한 후보 영입을 위해 반듯한 잣대와 저울로 함량을 달고 재어서 진정으로 지역 발전을 위해 인물을 영입하고 공천한다면 누가 무어라 하겠는가. 더욱 믿음직스러워 고맙게 여길 것이 아닌가?

지난날의 일들을 거울삼지 않을 수 없다. 2006년 지방선거에서 정당 공천을 받은 후보자가 선거법 위반, 그리고 부정비리연루 등으로 법원에서 '무효선고'를 받은 사례가 무려 84건이나 되었다. 기초단체장 17명이 있었고 광역의원 16명과 기초의원 51명이 있어 이들이 모두 당선 무효가 되어 재선거를 치렀다.

그런데도 정작 그들을 공천 해준 정당이 잘 못을 쥐우치고 그 지역에 책임을 져야하는데도 과연 그러했는지 의문이다. 아직까지 어느 정당이 어느 지방에 책임을 통감했다는 말도 들어 본적 없고 무슨 책임을 졌다는 얘기도 들은 바도 없다.

각 정당마다 금번 우리 당에서 공천한 무슨 후보만은 진정으로 지역발전을 위한 참신한 일꾼임 네. 하고 과장광고라도 하듯 임기웅변으로 지방민들을 기만했왔던 일부 몰지각한 인사들이 있었기에 한국의 정치는 후퇴한다는 말을 듣는 것이다.

이번 지방선거만은 불량후보를 공천하는 일이 없어야겠다. 불량공천은 이 땅의 풀뿌리 민주주의를 망치는 요인이 될 뿐이다. 그러기에 만일 그런 후보가 한 명이라도 있다면 하루 빨리 교체해야 한다. 리콜세상이 아닌가. 현재 떠돌고 있는 이런 회의적懷疑的인 여론을 그대로 방치하거나 잠재워서는 안 된다. 그렇지 않는 한 우리의 정치는 백년하청百年河淸이 될 것이다.

정치개혁은 말로만 하는 것이 아니다. 몸소 실천에 옮김으로서 이루어지는 것이다. 정당 이름을 걸고 벌어지는 선거는 정당정치의 논리요, 기본이요, 민주주의 원리다. 그러므로 정당의 공천을 받은 자는 정당이 책임을 지고 최선의 인물을 선정하는 것이다.

각 정당들은 6·2지방선거를 우습게 봐서는 안 된다. 세종시 문제와 4대강 사업 등으로 찬반양론이 팽팽히 대립되고 있는 가운데 선거가 치러질 것이기에 어느 때 선거보다 국민들의 관심이 집중되는 선거라 하겠다.

유관자들은 참으로 현명하다. 이것을 기억해야 한다. 그리고 잊지 말아야 한다. 그러기에 아무리 잘 보이려고 목걸이로 팔찌로 치장하고 옷을 잘 입어 번쩍거릴지라도 함량미달인 후보라면 그리고 그들을 공천한 정당이 무슨 말을 한다 할지라도 유권자들은 그들을 잘 알고 있다. 그들의 번쩍거림에 속아 넘어가지는 않을 것이다. 이를 인식 못할 정도로 둔감한 유권자는 이제 없다.

이 나라의 주권자는 오직 국민임을 명심하고 또 명심하여 두려워할 줄 알아야 한다.

(2010. 4)

노무현 전 대통령 비보에 온 국민은 망연자실

2009년 5월 23일 토요일 아침 노무현(63) 전前 대통령 서거소식에 5천만 온 국민은 큰 충격에 빠졌다. 아, 이럴 수가! 도무지 믿어지지 아니한 안타까운 소식에 망연자실할 뿐이다. 평생을 고난의 연속 속에서 이를 극복하려고 파란 만장한 삶을 살아왔던 그분이 최후 순간까지도 충격적이었다.

경남 김해시 봉화마을 사저 뒷산에서 투신해 스스로 목숨을 끊는 초유의 사태에 온 국민은 슬픔에 휩싸였다. 그간 박연차 게이트 사건으로 검찰의 수사를 받아오더니만 그 가중한 압박이 이런 극단적 방법을 택한 것으로 여겨진다. 이로서 모든 것을 자신이 짊어지고 가겠다는 의미로 보여 더욱 국민의 가슴을 쓰리고 아프게 한다.

한 나라의 최고의 권력자인 직전 대통령으로서 이 같은 비극의 상황에 이른 이유에는 정치적 압박에 대한 억울함과 국가 최고 지도자로서 부적절 했던 지난날의 행동에 대한 사죄의 의미도 있었을 것으로 여겨진다. 그분이 남긴 짤막한 유서에서 이를 미루어 짐작할 수 있다. 여기서 그 유서를 살펴보자.

> "너무 많은 사람에게 신세를 졌다. / 나로 말미암아 여러 사람이 받은 고통이 너무 크다./ 앞으로 받을 고통도 헤아릴 수가 없다. / 여생도 남에게 짐이 될 수밖에 없다. / 건강이 좋지 않아서 아무 것도 할 수 없다. / 책을 읽을 수도 글을 쓸 수도 없다.
>
> 너무 슬퍼하지 마라. / 삶과 죽음이 모두 자연의 한 조각이 아니겠는가? / 미워해 하지 마라. / 누구도 원망하지 마라. / 운명이다.
>
> 화장해라. / 그리고 집 가까운 곳에 아주 작은 비석 하나만 남겨라./ 오래된 생각이다."

이 유서의 서두 부문에서 "나로 말미암아 여러 사람이 받은 고통이 너무 크다. 앞으로 받을 고통도 헤아릴 수 없다." 이 말의 의미는 무엇일까. 그분이 겪은 그간의 심적 고통이 얼마나 컸음을 짐작하게 하는 대문이다. 그 고통을 어렵지 않게 짐작할 수 있는 것은 직전 대통령으로서 검찰 수사 중에 명예와 신뢰가 산산 조각이 되면서 그분이 받았던 치욕과 모욕감으로 결국 무너진 것이라 여겨진다.

지금은 그분이 고인이다. 그러기에 그분에게 물을 수도 없고 말할 수도 없어 안타까움만 밀려온다. 지난날의 모진 풍파가 밀어닥칠 때에도 진정한 용기를 발휘했던 것처럼 이번에도 그러했더라면 더 값진 미래의 역사를 이룩할 수 있을 터인데 이런 생각들은 이젠 모두 부질없는 생각일 뿐이다.

지난날 그분은 법조인으로서 정치인으로서 힘들지 아니하고 주어진 여건에서 남부럽지 않게 인생을 누리며 잘 살 수 있었다. 그런데도 그분은 고난을 스스로 택하여 그를 극복하려고 그 모진 삶을 살아왔다. 1975년 사시 합격 후 대전지법 판사로 임관되었을 때부터 앞길이 보장되었다. 변호사로 재직할 때에도 속칭 '잘 나가는 변호사'였다. 그럼에도 그때에 부산지역 운동권 대학생이 연루된 '부림사건'을 맡아 변론하기 위에 1981년 인권변호사가 되었다. 이때부터 고난의 길을 스스로 택한 것이다.

물고문 사건으로 숨진 박종철 군의 추도집회에서도 최루탄을 뒤집어쓰고 경찰에 끌려갔으며 6 · 10 항쟁 직후엔 대우조선 노동쟁의의 3자 개입이란 협으로 구속 되었다. 정치권에서도 그랬다. 1990년 3당 합당을 반대하다가 민자당을 포기하고 야권에 남았다. 그 이후 국회의원선거에 출마할 때마다 잇따라 서울에서 부산에서 고배를 마셨다. 이 같이 정의를 위해서는 어떠한 출세도 안일한 방법도 모두 뿌리쳤다. 비록 고난의 길일지라도 그 길을 택하여 걸었던 것이다. 그때에 얻은 별명이 '바보 노무현'이었다.

고난의 의미는 무얼까. 남의 비참에 내가 동참하는 일이다. 사람들이 비참에 잠겼을 때 그것을 외면하지 않고 거기서 물러서지 않고 그들이 겪고 있는 인간적인 비참에 내가 참여하여 돕는 일이다. 예수는 그러한 경우를 이렇게 말했다.

어떤 사람이 예루살렘에서 여기고로 가는 도중에 강도를 만나서 죽게 되었다. 그 때에 그 앞을 지나가는 종교지도자인 제사장도 그 위급한 상황을 보고도 모른 체 지나갔다. 그 사람은 종교적 인생관을 갖고 살아간다고 자처하는 사람이다. 그런데도 모른 체하고 지나간 것이다. 그때였다. 마침 그 옆을 지나가는 사마리아인이 그 처참한 상황을 보고 그를 구해 주었다. 사마리아 인은 종교인도 아니다. 신분도 없는 평범한 자였다. 그렇다면 이 둘 중에 누가 아름다운 일을 한 것이냐? 이웃을 사랑한 것이냐? 라고 예수님은 물었다.

우리는 일생을 살아가는 동안에 남의 아픔을 위해 스스로 고난의 길을 택한 적이 얼마나 있을까. 사회에서 소외당하고 버림받은 사람들과 더불어 같이 살려고 할 때 그 고난의 의미가 있다. 찬란한 역사, 위대한 역사는 고난의 의미에서 피어오른다.

이 세상과 홀연히 작별한 노무현 전 대통령 영전 앞에 고개를 숙여 명복을 밀면서 그분이 남기고 간 그 위대한 정신을 우리 모두 이어갔으면 한다.

(2009. 5)

국민대통합을 이룬 김대중 전 대통령 국장 영결식을 보고

김대중 전 대통령 국장國葬 영결식이 23일 국민대통합이 이루어진 가운데 뜨거운 열기로 염수됐다. 국회의사당 앞에서 열린 영결식장은 여야와 정파, 이념과 지역 구분 없이 애도의 숙연한 추모열기 속에서 이루어졌고, 전파를 타고 생중계된 영결식 모습을 텔레비전 앞에서 지켜 본 전 국민의 가슴은 너무도 큰 슬픔에 잠겼다.

고인에 대한 추모 열기는 국내 뿐만은 아니었다. 국제사회로 번지고 있었다. 국내에선 우리국민의 고질화된 영호남의 갈등과 '좌파' '친북' 등으로 덧칠해온 색깔론의 족쇄가 완전히 풀린 듯 화해와 통합의 기원이 되살아나고 있다.

이명박 대통령도 8 · 15 경축사에서 국민통합은 국정과제라고 강조하면서 김 전 대통령이 병석에서도 우리 사회의 화해를 이루는 계기를 만들었다고 평가했다. 이는 김 전 대통령의 유지인 '화해와 국민통합의 메시지'가 우리 사회에 절실히 요구되는 현실임을 반증해 주는 것이라 여겨진다.

국외에서는 미국과 중국, 일본, 영국 등 12개국의 조문사절단이 영결식에 참석했고 이념을 달리한 북한의 최고 권력자 김정일 국방위원장은 유족에게 심심한 조의를 표하는 조전을 보낸데 이어 김기남 조선노동당 중앙위원회 비서 등 실세급으로 구성된 6명의 조문단이 파견되어 고인의 뜻을 기렸다. 김 전 대통령이 생전에 햇볕정책으로 남북화해의 열정을 감안한다면 당연한 조치라 여겨진다.

이날 장례위원장인 한승수 국무총리는 조사에서 민주주의와 인권, 평화와 민족화해를 위해 헌신해온 대통령님의 발자취는 우리의 자랑스러운 역사로 영원히 남을 것이라고 말했고 유족 대표인 박영숙 전 평민당 총재 권한대행은 대통령님의 업적을 헤아린다는 것이 어찌 보면 어리석은 일이라며 '행동하는 양심'이 되라는 마지막 말씀을 가슴 깊이 되새기겠다고 다짐했다.

정부가 장례형식으로 가장 높은 예우를 갖춘 '국장國葬'으로 결정한 것은 매우 적절한 결정이라 여겨진다. 굶주림에 허덕인 가난의 현실에서 오늘의 경제대국의 기초를 이룬 박정희대통령 외에는 국장으로 장례를 치룬 적이 없지만 민주화와 남북화해의 큰 발자취를 남긴 김 전 대통령의 업적은 우리 역사상 높이 평가를 받아야 마땅할 일이기에 그러하다.

향년 85세를 일기로 세상을 떠난 18일부터 23일에 이르기까지 6일간 빈소를 찾아 조문한 조문객들 중에는 전두환 전 대통령, 박정희

전 대통령의 딸 서영씨가 있었다. 서영씨는 부친과 반대 입장에 섰던 분이지만, 사진속의 아버지가 지금 곧 다녀오라고 말씀하신 것 같아 찾아왔다고 말했다. 그리고 전날 라이벌 관계에 있던 김영삼 전 대통령, 이회창 자유선진당 총재, 또 한나라당 박희태 대표, 등이 찾았다. 이들은 한결같이 반대 입장에선 자들이다. 이들은 일찍이 보지 못했던 통합의 장이 열리고 있는 것임을 보여주고 있다.

김대중 전 대통령의 문병 때부터 싹트기 시작한 화해의 기운은 영결식장까지 계속 이어지고 있다. 그분이 떠난 뒷자리에는 화합과 소통의 기운이 무르익고 있다. 여야 정치인 그리고 지도층 인사, 편벽을 가르려는 국민에 이르기까지 이를 성찰해야겠다. 그래서 지금 국가와 국민이 절실히 요구하는 것이 무엇인지를 분명히 알아 변화된 행동을 보여야 할 것이다.

(2009. 8)

국무총리에게 드리는 말씀

오늘 아침 신문에서 이해찬 국무총리 지명자가 국회의 절대적인 인준을 받았다는 보도를 접했습니다. 진심으로 축하하며 우리나라 통치권의 2인자가 되었으니 국민이 원하는, 보다 큰 정치를 펴 나가기를 간절히 기원하는 마음으로 몇 말씀을 드리고자 합니다.

관대한 정책 펼쳐야

존경하는 국무총리 이해찬님!

첫째, 어떠한 경우일지라도 국민을 속이는 일이 결코 있어서는 아니 되겠습니다.

지난날 교육부 장관시절 시대적 상황에 의하여 부득이 교육개혁 정책을 펴 실행하는 것을 탓하고 싶지는 않습니다. 그러나 교육을 경제 논리로 풀어 원로 교사들을 무참히도 몰아내는데 너무도 했던 처사였습니다.

그 교사들을 내쫓았을 때 얼마나 뜬소문들을 많이 퍼트렸습니까. 지금 국가 경제가 파탄이 되어 앞으로 퇴직금이 없어진다는 유언비어 때문에 30여 년 간 교사로 봉직하면서 그간 그야말로 청렴하게 생활하느라 한 푼의 돈도 모아 놓지 못한 순수한 교사들을 동요시켜 고민 고민 끝에 명예퇴직하게 했고 그것도 모자라서인지 명예퇴직 바로 6개월 후인 2001년부터 본봉과 보너스를 합산함에 따라 본봉이 높아짐으로 당시 퇴직금이 후에 한 명예퇴직금보다 엄청나게 3분의 1이 더 많아졌으니 이것이 진정 국민을 속이는 일이 아니겠습니까.

그 때 퇴직한 교사들이 현재 기간제 교사란 명목으로 현직에 몸담아 있는 수가 얼마나 많은지 아십니까. 이들이 원해서 퇴직했다면 그리고 조금의 경제적 여유라도 있다면 어찌 기간제 교사로 또다시 재직하겠습니까. 정말이지 이들에게 씻을 수 없는 한을 가슴속 깊이 심어주었습니다.

둘째, 관대한 정책을 펴시길 바랍니다.

오늘날처럼 교권이 완전 무너진 것은 유사이래 처음 있는 일이라고 감히 말할 수 있습니다. 저는 8 · 15 겪었고 무정부(미군정)상태의 혼란 속에서 살아왔으며, 6 · 25동란의 참상과 4 · 19, 5 · 16, 12 · 12 사태 등 어려움 속에서 교육을 받아왔고 교단에 서기도 했습니다.

그 어려웠던 지난날도, 이 총리께서 교육부 장관 당시처럼 교육의 비리가 없었던 것은 아닙니다. 더 많았으면 많았을 것입니다. 사회가 혼란 했고 가난에 억눌린 당시였기에 말입니다. 그런데도 왜 조용히 퇴출시켰는가를 생각해보아야 합니다. 한 교사가 비리에 연루되어 교육자로서 가치를 상실 했을 때 그 사실을 공개함으로써 그 교사에게 배운 학생은 물론이거니와 배우지 아니한 수많은 학생에게 미치는 영향이 얼마나 큰지를 생각했기 때문입니다.

한 교사의 비리를 폭로했을 때 그 여파로 다른 교사에게까지 미쳐 교사는 다 마찬가지야, 라고 인식했을 때와 존경 받았을 때 교육의 효과는 실로 비교가 되지 않을 만큼 큰 차이가 있다는 사실을 생각해야 합니다. 이러한 현실을 감안해서 교육자의 비리는 그때그때마다 아무도 몰래 조용히 문제교사를 퇴출시켰습니다. 이것이 올바른 방법이 아닐까요?

관권 함부로 남용하지 마시길

우리의 속담에 중등을 치면 보가 울린다는 말이 있습니다. 한 부분을 쳤는데도 전체가 영향을 받는다는 말입니다. 더욱이 오늘처럼 대중매체의 위력이 크게 좌우될 때가 언제 있었습니까. 국민 전체에서 광우병이나 조류독감으로 피해를 본 바 없는 데도 계속 뉴스로 여론을 확산시키는 바람에 농가만 죽여 놓았듯이 교사들을 도둑으로 매도한 당시의 교육정책 때문에 교권이 땅에 떨어져 이같이 교육이 무너지고 말았다는 사실입니다.

셋째, 관권을 함부로 남용하지 마십시오.

생각해 보세요. 학생들에게 조금만 큰 소리쳐도 경찰에 신고하고, 경찰은 학생들 보는 앞에서 버젓이 교사를 연행하는 참상 속에서 학생들은 무엇을 생각하며 어떻게 행동하겠는가를 조용히 묻고 싶습니다. 이런 가운데 학생들에게 건전한 인격으로 변화된 교육이기를 기대하는 정책이라면 저로서는 도저히 이해가 되지 않습니다. 그리고 민주주의 교육의 이념과도 너무도 거리가 멀다고 저는 알고 있습니다.

빛나는 업적 남기길

존경하는 국무총리 이해찬님!

이제 우리나라 국민들을 이끌어 가실 국무총리가 되셨습니다. 과거를 거울삼아 보다 훌륭하고 큰 정치를 펴 나가시어 국민 누구에게나 존경 받을 수 있고 후손 대대로 길이길이 빛나는 업적을 남기시기를 간절히 기원합니다.

(2003. 전북도민일보)

제2부

희망의 창을 열고

운동경기에서 얻은 교훈

나는 매일같이 TV를 통해 축구, 야구, 배구 등 운동경기를 즐겨 시청하고 있다. 그 때마다꼭 생각나는 것이 있는데 우리 정치 현실도 운동경기처럼 민주주의의 룰(rule)을 잘 지켰으면 하는 아쉬움을 넘어 안타까움으로 번지고 있다. 나만의 안타까움이 아니라 우리 모두의 안타까움일 것이다.

운동경기는 참으로 민주시민으로서 지니고 길러야할 품성과 자질을 닦는데 매우 유용한 것이 아닌가?

그 참기 어려운 역경과 고난을 끝까지 참고 견디며 최선을 다하는 인내심, 경쟁에서 뛰어난 기량을 발휘하여 승리를 쟁취하려는 의욕에 찬 모습, 질서와 규칙을 존중하는 마음, 여러 사람과 협동 단결하는 정신, 정정당당하게 겨루고 그 결과에 승복하는 늠늠한 자세, 이 모든 것들은 운동경기에서 뿐 아니라 민주시민으로서 체득해야할 우리의 마음이 아닌가?

비굴한 승리는 패배만 못해

그동안 힘써 갈고 닦았던 기량과 솜씨를 마음껏 펼쳐 보이고 있는 운동선수들, 젊음을 불사르며 약동을 다짐하는 발랄한 그들의 모습을 보는 동안 나는 한없이 그 모습이 미덥고 흐뭇하게만 느껴진다.

힘찬 체력과 젊음의 패기를 펼치는 영광의 주인공들이 아닌가! 체육을 통하여 체력을 튼튼히 하고 강인한 정신력을 길러 밝은 미래를 창출해보려고 하는 젊은이들, 그러기에 그렇게 미덥고 흐뭇한 마음인지도 모른다. 그들은 남과 겨루기 보다는 먼저 빠르고, 보다 높고, 보다 넓게, 그리고 힘차고 예민하게 뛰기 위하여 훈련에 훈련을 거듭한다. 이는 오직 승리를 쟁취하기 위함이다. 이렇게 얻어진 승리라야 최고의 가치요, 최상의 영광이 아닌가?

모든 경기가 그렇듯이 기필코 승리를 쟁취해야 한다. 그렇다고 과정을 무시한 승리는 지상목표가 될 수 없다. 다시 말하면 비굴한 승리는 차라리 패배만 못하다는 것이다. 물론 패배는 괴롭고 가슴 아픈 일임에는 틀림이 없다. 그러나 정정당당한 자세로 최선을 다했기에 결코 수치스러운 패배가 아니다. 최선을 다한 끝에 주어진 패배는 후손들에게 길이 물려줄 정신적 유산은 될지언정 어찌 수치스럽다 하겠는가? 좌절을 딛고 일어서는 지혜와 용기를 더해주는 양약이 되어 기필코 승리로 이끄는 아주 좋은 기회가 될 것이다. 그러므로 모든 경기에 승리를 위한 집착도 중요하지만 차라리 경기에 지더라도 정정당당히 싸운 결과라는 그의 마음 자세가 얼마나 가치 있고 훌륭한 자세인가?

스포츠 정신이 이 땅에 깊이 뿌리내려야

우리는 서태에 끌려 살지 말자. 언제까지 룰 없는 이기심의 혼탁 속에 묻혀 살아야 하겠는가. 그러기에 세상의 잡음이 그리도 많음이 아닌가.

이럴 때일수록 적어도 스포츠 정신이 이 땅에 뿌리내려야 한다. 우리 의식 속에 뿌리내려야 한다. 그래야만 정치, 경제, 사회, 문화 등 모든 면이 소생할 것이다. 가뭄에 시달리다 단비를 만나듯 활기 넘쳐 소생할 것이다.

(2006. 9)

가정교육이 잘 이루어져야 사회에 사랑이 넘쳐

가정은 사랑의 원천이다. 가정에서부터 사랑이 자연스럽게 사회로 흘러 내려야 한다. 마치 저수지의 물이 흘러 넘쳐 평야를 골고루 적실 때 오곡백과가 생육하여 풍성한 열매를 맺듯이 그래야만 가정도 사회도 국가와 국민도 인류도 밝아져 살맛나는 세상이 되는 것이 아닐까.

가정에는 복잡한 육법전서와 같은 법률 책이 없어도 사랑으로 응결되어 질서도 평화도 이루어진다. 부모 형제간에는 천륜天倫이 있어 넉넉한 생활을 하고 있다. 다시 말하여 하나님이 우리에게 베푼 천성天性으로 가정을 가정되게 하는 것이다. 이것이 전통적인 가정이 아닌가.

그런데 가정의 사랑은 본능적인 감정만으로 충족되는 것은 아니다. 거기는 반드시 교육을 통한 이성과 윤리가 필요하다. 이것이 충만할 때 흐뭇한 마음으로 가족 간의 사랑을 느끼게 되는 것이다. 사람의 생각이 단순하지 않기 때문이다.

그런 관계로 한 가족일지라도 사랑이 전달되지 아니하거나 잘못이루어지면 미묘한 심리작용이 면밀하게 일어날 때가 있다. 그런데도 그러한 심정은 아랑곳하지 아니하고 무분별하게 사랑이란 미명아래 밀어붙인다면 마음의 갈등이 일어나고 마침내는 가정의 불화를 초래하게 된다.

특히 오늘날과 같이 사회가 급변하는 세태 속에서 세대 간의 사고방식과 가치기준이 엄청나게 달리하는 시대에서는 분별없는 사랑보다는 교육을 통하여 이성과 윤리로 다져진 사랑이 세대 간의 벽을 넘는 길임을 절실히 느끼는 것이다.

자기의 자녀는 지극히 귀여워 할 줄 알면서도 자녀 교육만은 잘못시키거나 친구를 경쟁의 대상으로 여겨 적대시하게 하는 일들이 흔히 볼 수 있는데 이는 곧 자식의 장래를 망치게 하는 일들임에도 부모는 부지불식중에 거침없이 자행하고 있기에 매우 안타깝다.

그 한 예로 늦잠을 잘 때 일찍 깨우는 일이 자식의 건강을 위하는 일이요, 명랑한 가족 분위기를 돕는 일인데도 늦잠 자도록 하는 것이 사랑인양 내버려 둔다든가, 집안을 자기가 먼저 청소하는 일이 가족을 배려하는 마음이요, 사랑하는 마음이며, 협동심을 기르는 마음임에도 청소를 시키지 않는 일이라든지, 학교 성적이 나은 자식 친구를 향해서 "너는 속도 없니. 왜 그 애를 감싸고도니, 그 애보다 무엇이 모자라니. 어떻게든지 앞서야해 꼭 알겠니? 이렇게 당부까지 한다. 이 말을 들은 자식은 어떻게 생각할까? 너는 속도 없니. 라는 말에서 격려보다는 시기, 질투, 미움을, 어떻게든지 란 말속에서 수단과 방법을 사용해서라도 상대방을 기어이 이겨야 한다.' 는 비장한 경쟁의식을 심어주고 있으니 그 자식의 인격이 제대로 형성될 것인가.

오늘의 심각한 문제는 이 사랑의 원천이 가정권내에서 막혀 버린 것이다. 사랑의 샘물이 가정에서 사회로 자연스럽게 흘러야 하는데 그 배출구를 가정교육이 차단시키고만 셈이다. 그러기에 자녀가 가지고 있는 사랑마저도 마치 사랑의 사해死海가 되어 죽어버렸기에 그 기능을 발휘 못한 것이다.

못내 안타깝다. 사랑이 메말라버린 사회는 공기 없는 자연과 무엇이 다를까? 이제 사회뿐만 아니다. 요즘은 가정에서까지 자식이 원수란 말까지 나오고 있고 무자식이 상팔자란 말이 상당히 설득력을 얻어가고 있는 실정이다.

왜 이 지경에 이르렀을까? 예나 지금이나 자식을 사랑하지 않는 부모는 한 사람도 없다. 그리고 자식교육을 위하여 헌신하는 부모가 현재 많으면 많았지 과거보다 못하지는 결코 않다고 본다. 그런데도 자식들의 마음이 그리도 냉냉한가. 이는 참다운 인성교육에 기초를 두기보다는 기술이나 학식을 익히는데 온 정열을 쏟고 있기 때문이라고 말함이 정확한 해답일 것이다.

과거 우리네 가정교육은 철저하게 인간 교육에서부터 시작되었다. 비록 우리 부모들이 학문에는 무식했을지라도 인간 교육을 철저히 시켜왔다. 그 한 예가 바로 〈애비 없는 호로자식〉이다. 북방의 오랑캐를 가리켜 호로胡虜라고 했으니 오랑캐가 침입하여 하루 밤 부녀를 겁탈하고 달아난 후 낳은 아들이니 그 아들이 어떻게, 그리고 누구에게 인간(인성)교육을 받았겠느냐는 의미로 사용된 말이었다.

오늘날 선진국의 교육은 가정교육 즉 인성교육에서부터 철저하게 이루어지고 있다. 유태인의 교육이 그러하고 유럽 여러 나라 교육이 그러하다. 어찌보면 우리 민족이 이미 해왔던 가정교육을 그들이 현대화 하고 과학화하여 새롭게 연구한 새 가정교육을 연구 계발하여 저들이 교육하고 있는지도 모른다.

우리는 참다운 인간교육인 사랑의 교육을 가정교육에서부터 또 다시 이룩해야한다. 봄이 가져다주는 선물은 만물을 소생시키는 힘을 공급해주듯이 사랑을 생동케 하는 힘을 가정교육에서부터 공급받아야 한다. 소생한 식물이 아름다운 꽃을 피워 자연을 화려하게 수놓듯이 가정에서 공급된 사랑이 사회로 번져 기쁨이 충만한 삶을 이룩해야 한다.

(2006. 11)

텔레비전을 시청하면서

오늘날 지구촌에 사는 사람들의 생존을 위해 올바르게 사용되지 않으면 안 될 두 가지가 있다. 그 하나는 핵核이요, 또 하나는 매스미디어라 한다. 정확히 잘 지적한 것으로 본다.

핵을 평화적 목적으로 사용하면 그렇게 편리할 수 없지만 전쟁으로 사용한다면 인류는 멸망의 위기에 이를 것이요, 매스미디어 역시 선용한다면 크게 인류문화 발전에 공헌하겠지만 비인간화의 도구로 쓰여 진다면 인간의 인격을 붕괴시키는 역할을 하기 때문이다.

여기서 말하고자 하는 바는 그 중 텔레비전에 대한 이야기를 하고자 한다.

유네스코 세계통계연감에 의하면 1950년에 처음으로 TV 방송이 미, 영, 불, 소(美, 英, 佛, 蘇) 4개국만이 방영 되었는데 우리나라에서도 1970년 42만 여대의 TV가 있었다 한다. 그리고 80년대 이후부턴 그

대수가 급격히 늘어났고 90년대 이후부터 오늘에 이르러서는 전 국민이 이를 시청하고 있다. 이러므로 여론의 효과는 과히 혁명이라 할 만큼 급기야 제왕보다 더 큰 영향력을 지녔다고 보아야 옳을 것이다.

TV가 주는 영향력, 얼마나 큰가. 방송국에서 제작된 프로그램에 따라 시청자들의 사고는 획일화 또는 규격화가 되리만큼 의식의 변화를 가져왔다. 그것뿐인가. 심지어 무의식의 세계까지 파고들어가 세상 돌아가는 모든 것을 오직 TV에 의존, 그로인해 왜곡되고 과장된 현실로 오인하는 경우도 적지 않다.

오늘의 대선 정국으로 접어든 현실을 눈여겨보라. 이와는 조금 다르지만 여기서 벗어날 수 없는 현실이 아닌가. 서로 물고 뜯고 헐뜯느라 정작 펼쳐야할 자신의 정견을 제대로 펴지 못하고 있는 것이 사실이다. 누구의 말이 진실이고 허위인지 도저히 판단하기 어려울 만큼 복잡하게 얽혀 누가 조작하는 것인지 도무지 판단하기 어려운 실정에서 대중매체인 TV마저 정치적 중립을 지키지 못한다면 배가 산으로 갈 위험성마저 있다. 그만큼 텔레비전이 큰 역할을 하고 있다.

그 예로 "TV가 대통령을 만들어 낸다."는 말이 있다. 요즘 TV토론에 나온 대선주자들의 이미지가 유권자의 눈에 어떻게 비치느냐에 따라 당락의 큰 변수로 작용하는 것은 냉철한 이성의 판단보다 당장 눈앞에 보이는 시각이 인간의 감흥을 빨리 자극시키기 때문이다.

뿐만 아니다. 요즘 TV 광고는 소비자의 심층까지 파고들어 소비자를 최면 상태로 몰아넣는 마력이 있다고 한다면 지나친 표현이라고 말할 자 누구일까. 그만큼 욕구를 상승시키기도 하고 절하시키기도 한다. 한번 선전을 잘하면 날개 돋친 듯 팔리고 소비자에게 불리한 요건을 들어 발표하면 그 시간, 이 후부터 큰 타격을 입고 있는 것이 현실이다. 보라. 그간 미국산 쇠고기가 그렇게 판매에 호황을 이루던 것이 광우병이란 한마디로 매장이 썰렁해진 것은 바로 그런 예가 아닌가.

읽는 것보다 듣는 것, 듣는 것보다 보는 것이 더 직접적인 호소력을 가지게 되므로 TV 프로그램 제작자는 그런 속성을 감안하여, 인기에 영합하는 광고주들에 편승하지 말고 본연의 임무에 열중해야할 것이다. 그런데도 텔레비전을 보면 합리적이거나 이성적인 공감보다는 흥미 본으로, 심하면 시청자들을 흥분시키는 원초적인 감정으로 몰아 널 때가 있다. 사유적思惟的인 것보다 비 사유적인 것, 윤리적인 것보다 퇴폐적인 것, 평화적인 것보다 폭력적이고 파괴적인 것들이 곧 그것들이다. 이렇게 될 때 우리의 육체는 물론 정신적인 것마저 병들게 한다.

요즘 방영되는 우리 TV방송을 보면서 느낀 바는 오늘날 방송위원회와 방송심의위원회가 우리의 현실을 감안하여 그 해결의 실마리를 찾고자 어떻게 가치규범을 설정하고 있는 것인지 자못 의심스러운 점이 없지 않다. 그 예를 하나들면 교사들의 비행을 낱낱이 들추어 보이는 것이다. 물론 교사들의 잘못을 은폐하자는 것이 아니다. 학생들이 그 보도를 보고 얼마나 판단 의식을 가지고 시청할 것인가 하는 것이 문제다. 그 이유는 공교육이 폭탄을 안고 불에 뛰어 들어가는 격이기 때문이다.

오늘날 공교육이 왜 무너졌는가? 그 원인을 찾는다면 여러 가지 이유를 대겠지만 가장 큰 원인으로는 교사의 뒤에는 반드시 많은 학생들이 그를 바라보며 가르침을 받고 있는데 그 비리를 아무런 판단

없이 폭로했다는 점이다. 그로인하여 학생들과 학부모들은 교사를 불신하게 된 것이다. 교사를 불신하면 교육이 무너진다. 걷잡을 수 없이 무너지는 것이다. 비단 비리교사만이 한정된 것이 아니다. 교사는 다 같은 교사로 보기 때문이다. 이같이 공교육이 무너진 것을 보고도 앞으로도 계속 교사의 비리를 사려 없이 보도할 것인가.

오늘의 우리 사회는 생명의 경시, 불신사조, 냉소주의, 양극화 현상이 두드러지게 나타나 있다. 이런 때에 TV 매체는 우리 모두에게 이러한 것들을 씻어내고 나아가서 미래의 비전을 바라보게 해야 한다. 함께 사는 사회를 위해 바람직한 기능을 할 수 있도록 이에 종사하는 자들은 각고의 노력으로 이를 구축해야 한다. 그래야만 우리의 삶이 풍성하고 아름답게 이루어질 것이며 풍요로운 문화를 이룩할 것이다.

(2007. 8)

가정의 달을 맞이하여

5월은 가정의 달이자 사랑의 달이다. 그 이유는 가정은 사랑의 원천이기 때문이다.

가정이 있음으로 오고 오는 '새 세대'가 탄생되고 보육保育되어 첫 출발하게 되는 것이다. 그러기에 가정의 사랑이 생명의 샘터가 되었고 인생의 오아시스를 이루었다.

정치의 격돌로 인하여 나라가 위태롭거나 상실될 경우에도 가정은 조용히 그 본연의 생명력을 발휘하고 유지해 나갔다. 6·25 동란과 일제 36년 치하에서도 우리의 가정은 끝까지 남아 있었고 히틀러가 6백만 유태인들을 무참히 학살할 때에도 그들은 가정의 전통만은 말살시키지 못했다. 이것이 가정의 위대성이요 힘이다. 이러한 힘이 어디에서 나온 것인가. 두말할 나위 없이 사랑에서 나온다.

이러한 사랑이 가정에서부터 자연스럽게 흘러내려와 사회를 따뜻하게 감싸주는 것이며 이것이 정의가 되어 국가의 장래를 좌우하게 된다. 성경에서도 이것을 가리켜 말하기를 "사랑이 모든 율법을 완성한다."라고 했다. 그러나 사랑이 없을 때 한 가정이 파괴되고 사회와 국가가 무너지는 것이다. 그러므로 한가정은 지극히 존중되어야 하고 또 존중 받아야 한다. 이러한 의미에서 가정의 달을 제정했고 사랑의 달이라 명명했으리라 여겨진다.

그런데 지금 우리의 가정은 어떠한가? 중병에 걸려 신음하고 있어 속히 대수술을 받지 않으면 안 될 실정에 놓여 있다. 너무도 심각한 문제에 이른 것이다. 가부장 제도가 무너지고 이에 대처할 가정의 민주화가 이루어지지 아니한 데서 오는 결과다.

자녀들은 민주주의 원리를 제대로 인식하지 못하고 있고, 부모들은 자녀들이 왜 반항하며 왜 가정을 뛰쳐나가고 있는지를 분명히 깨닫지 못하기 때문이다.

민주주의를 시장의 원리에 비유하고 싶다. 상인들은 제각기 자기 물건이 좋다고 목소리를 높이고 물건을 구입할 손님은 한 푼이라도 더 싸게 살 양으로 깎아 달라 실랑이를 벌리는 바람에 시장 속은 온통 수라장이 되다. 그러나 그 혼란 속에서도 질서는 정확하다. 상인들은 팔 것 다 팔고 손님들은 살 물건을 다 사가지고 자기 집으로 돌아간다. 만일 흥정이 자기 뜻대로 되지 않는다고 해서 그를 비방하거나 치고받는 일은 없다. 안 사고 안 팔면 그뿐이다. 오직 설득시키려 할뿐이다. 이것이 민주주의 원리다.

청소년들의 반항기가 시작되는 이유는 육체는 이미 성숙하여 나도 결혼만 시켜주면 아들 딸 날 수 있도록 성장했기에 이젠 어릴 때처럼 일일이 간섭받고 싶지 않다는 데서 비롯된 심리 상태다. 이것이 청년 심리학의 이론이다. 과연 이 이론이 옳다고 여겨진다. 그렇다면 자녀들에게 무조건 욱지르지 말고 이해와 관용으로 타이르는 자세가 선행되어야 한다. 아무리 어린 나이라 할지라도 이해가 되면 순종하는 것이다. 자녀의 요구를 다 수용하지 못했을 때 아무리 부모라 할지라도 미안함을 말해야 하며 난제가 생겼을 때에는 자녀와 이일을 놓고 해결 방안을 의론해야 한다. 이 길이 자식을 사랑하는 길이요 문제를 풀어나가는 길이다.

특별히 주의해야할 일은 가정이 부富하다하여 자녀의 방만放漫과 호사豪奢를 조장하는 일이라든가 나는 모른다하여 방치하는 일은 자녀를 망치는 일이 되므로 결단코 있어서는 아니 된다. 청소년들의 범죄가 늘어나는 것도 여기에 있음을 명심해야 한다.

사람은 결코 밥만으로는 살 수 없다. 사랑을 먹어야 바르게 자란다. 특히 자녀들은 부모의 사랑을 갈구한다. 그런데 사랑을 받지 못한 자녀는 남을 애정으로 대하지 못한다. 그러기에 이성을 잃은 일을 저질러 평생 씻지 못한 오점을 남기기도 한다.

금번 가정의 달을 맞이하여 부모는 자식들에게 진정한 사랑을 느낄 수 있도록 해주고 자식들은 부모의 처지를 깊이 이해하는 풍성한 사랑의 가정을 꼭 이룩해야겠다.

(2008. 5)

거리패션인 배꼽티를 보고

장마가 그치고 나니 배꼽티를 입은 여성들이 거리에서 활개를 친다. 남성들의 눈길을 끄는 배꼽티, 신세대들의 거리패션이다. 과감한 노출 패션이다.

배꼽티, 그러기에 자극을 주는 패션이요, 자극을 받는 패션이다. 무분별한 젊은이들은 문란한 성행위까지 연상할 정도로 위험성 있는 의상이라 한다면 지나친 표현이라고 말할 자 누가 있을까?

이렇게 말하면 신세대들은 현대감각이 없는 고리타분한 사고방식이라고 일축해 버릴 줄도 모른다. 15세기 전부터 여체를 지상의 최고의 미로 여겨, 많은 화가들은 앞을 다투어가며 누드를 그려왔고 현대에는 육체의 개방을 요구하는 세태로서 누드 전집까지 나와 판을 치고 있으며 이것이 예술임을 만천하가 인정하고 있는데 무슨 말이냐고 떠들어 댈지 모른다. 그리고 요즘 세계도처 해수욕장에서 알몸으로 태양 욕을 즐기고 있는 것도 현실인데 어찌 배꼽 좀 내 놓았다고 그리도 야단들이냐. 라고 할지 모른다.

과연 그럴까?

신세대들은 배꼽을 어떻게 생각하고 있을까?

고대 희랍에서는 정욕의 원천을 배꼽의 형태에 있다고 해서 서양의 유령들은 배꼽이 없다고 했다. 바꾸어 말하면 유령에게는 정욕이 없기 때문에 배꼽이 없다는 것이다. 그러나 우리나라의 전설에서는 이와 반대다. 처녀 귀신에게 총각귀신이 주먹만한 배꼽을 달고 나타난다고 했다. 이같이 동서양의 전설의 공통점은 배꼽이 정욕의 상징 부위라는 사실이다.

또 삼국사기에 의하면 조선조 세조 때의 일인데 궁중에서 세자빈을 간택할 때에 의녀를 규수 집에 보내어 은밀히 배꼽을 보게 했다는 기록이 있다. 그 이유는 배꼽의 형태가 어떻느냐에 따라서 귀한 자식을 낳을 수 있느냐 없느냐를 알 수 있었고, 그에 못 지 않는 또 하나의 중요한 이유는 강한 성욕이 있는지 없는 지를 분간하는 것도 배꼽의 형태에 있다고 여겼기 때문이었으리라. 그러기에 이를 사전에 파악하여 투기심이 강하면 궁중의 평지풍파를 일으키므로 이를 미연에 방지하자는 의미에서였다 한다.

중국에서도 마찬가지였다. 명말明末의 학자 이어李漁가 쓴 ≪여체론女體論≫에 의하면 배꼽을 치부恥部로 여겼다. 남에게 보일 수 없는 부끄러운 부분이라고 했다. 여성의 정조를 지키기 위해 가릴 부분이 곧 배꼽이라 했다.

한편 서양 미술 평론가 데스먼드 모리스는 ≪맨워칭≫이란 저서에서 미술사에 나오는 2백여 점의 누드 그림 중 배꼽의 형태를 분석했다. 고대 것은 92%가 둥글고 8%가 갸름한 반면에 현대 누드 그림의 배꼽은 46%가 둥글고 54%가 갸름한데 미술은 그 시대의 의식을 붓으로 표현하는데 이는 배꼽의 형태가 곧 정욕의 부위였기에 이런 의미에서 분석한 것이라고 학자들은 말하고 있다.

또 성경에 의하면 하나님께서 우리 인간에게 주신 최초의 옷은 아담과 하와에게 가죽으로 만들어 입혀주신 옷이다. 인류의 시조인 아담과 하와가 에덴동산에서 선악과를 따먹은 이후 하나님께서 그들을 부르실 때 가장 부끄러운 부분인 앞을 풀잎으로 겨우 가린 것을 보시고 불쌍히 여겨, 수치스러움 없이 당당하게 살 수 있도록 하기 위해 치부를 모두 가릴 수 있도록 그런 구조로 만들어진 옷이다. 그런데도 하나님의 뜻을 저버린 소돔과 고무라 성 사람들은 대낮에도 사람들 앞에서 부끄러움 없이 옷을 다 벗은 알몸으로 매음행위까지 서슴없이 자행하는 그러한 성적 타락으로 마침내 멸망하고 말았다.

미도 좋고, 유행도 좋고, 예술도 좋다. 그러나 그것들은 어디까지나 건전한 사회, 아름다운 사회를 위한 것이어야 하지 않겠는가. 먼 미래까지 떳떳한 의상문화로서 가치가 있어야 한다. 그러나 나만의 멋에 도치되어 그것이 마치 개성인 양 날뛰어 한창 성적 감각이 예민한 젊은이들에게 자극을 주고 자극을 받는 의상이라 한다면 개인은 물론 사회와 국가적인 면에서 볼 때 얼마나 마이너스 현상인가?

벗고 벗기는 문화가 점차 고조되어가고 있는 오늘의 현실로 볼 때 이것이 앞으로 계속된다면 어찌될까. 소돔과 고무라 성처럼 타락상이 아니었으면 좋겠다. 어디까지나 필자의 노파심이요, 망령스러운

자의 근심이었으면 얼마나 좋겠는가? 인간은 어디까지나 사회적 존재이기 때문에 모든 예술의 가치도 사회의 건전한 발전을 위한 것이어야 한다.

(2006. 7)

철도노조파업은 누구를 위한 것인가

철도노조파업이 8일 만인 3일 오후에 종료되었다. 그간 파업이 장기화됨에 따라 물류수송이 어렵게 되어 수출을 힘겹게 했다. 뿐만 아니라 여객열차 운행률도 평소에 비해 50%로 떨어져 여행객들의 불편도 이만저만이 아니었다. 이같이 국가경제와 국민의 불편을 꼭 볼모로 잡아야만 노조의 목표를 이룰 수 있다면 그 파업은 누구를 위한 것인가를 좀 생각해보게 했던 이번 파업이었다.

다시는 개인 혹은 단체의 이익을 위하여 죄 없는 국민에게 불편을 주거나 국가의 경제를 불안하게 하는 일이 없어야겠다. 이번 파업이 진행되는 지난 11월 30일, 제46회 무역의 날을 맞이했다. 이날은 우리나라가 처음으로 수출 1억 달러를 달성한 1964년 11월 30일을 기념하기 위해 수출의 날을 제정했는데 그 명칭을 바꾸어 오늘의 무역의 날이 된 것이다.

60년대 초만 하더라도 우리의 국력과 기술은 보잘 것이 없었다. 우리의 힘만으로는 나라 살림을 꾸려가기가 어려운 형편이었다. 조그만 공장 하나를 세우는 데에도 외국자본, 외국기술자의 도움을 받아야만 했던 우리나라의 형편이었다. 이같이 어려운 가운데 수출 1억 달러를 달성했다는 것은 우리로서는 경희로운 일이 아닐 수 없었다.

비로 당시 1억 달러 수출 순위로 볼 때 세계 83위에 불과했던 것이 50여년이 흐른 오늘날, 올해 연간 수출 3,620억 달러에 달해, 세계8위를 달성하겠다고 밝혔다. 이것은 우연스럽게 이룩된 것은 아니다. 뼈를 깎는 아픔을 느끼면서도 노사의 협력을 이룩한 자랑스러운 성과다.

실로 그 성과는 상상을 초월한 눈부신 결과였다. 50~60년대 초를 살아온 삶에 비한다면 현재의 삶은 천지가 개벽된 우리의 찬란한 물질문명의 삶이다. 특히 6 · 25동란을 겪고 난 뒤라서 당시 우리는 굶주리다 못해 죽어가는 처참한 데까지 이른 것이다. 마치 아프리카 미개 민족들의 삶과 어쩌면 흡사한 삶이었는지도 모른다.

이같이 가난한 나라에서 국제경재력을 뚫고 혁혁한 성과를 이룩한 것이 우리국민의 저력이었다. 그 저력 중 첫째로 손꼽는 것은 의지력과 자제력이었다. 모든 난관을 의지로 극복하고 자제력으로 승화시켜 수출증대를 실현화할 수 있었고 고품질과 독창성 있는 상품을 세계시장에 내놓아 코리아 제품은 명품이라고 인정받게 된 것이다.

우리의 경제는 아직도 긴장의 끈을 놓고 안주할 때가 아니다. 이 대통령이 말 했듯이 "수십만 명의 젊은이들이 일자리를 구하지 못하여 힘들어하는 실정이다."라고 한 바와 같이 국민경제가 불안에서 아직 벗어나지 못하고 있다. 더욱이나 철도노조 파업으로 인해 화물,

여객, 운송의 손실과 대체인력 투입비를 포함하여 하루에 12억 꼴이라고 하니 그간 8일간의 우리의 손실이 얼마나 큰 가를 생각해야 한다.

내 집단의 이익을 위에서는 어떠한 경우일지라도 내 주장을 꼭 관철시켜야한다는 그런 사고방식은 더욱 혼란을 가중시키고 곤란을 초래하는 일이다. 나무는 보되 숲을 보지 못하는 어리석은 격이 되고 말 것이다. 우리는 우선 대의를 위해 소의를 희생하거나 포기하거나 한발 물러설 수 있는 선진의식이 절실히 필요하다. 우리는 이를 깊이 명심해야 한다.

(2009. 12)

기성인들은 미래사회를 염려해야 한다

- 도박 중독으로 무너진 가정, 자살, 살인사건을 보고 -

요즘 '바다 이야기'로 온 세상이 떠들썩하다. 그 이야기만 나오면 그리도 열이 나고, 불쾌하고, 짜증스럽고, 한심스러운 말로 이어지는데 그 이유는 무얼까. 사행심으로 온 사회를 병들게 하기 때문이다

순박한 노동자 농민들까지도 도박 중독증에 걸려 가정파탄, 자살, 살인 등 끔찍한 일들이 벌어지고 있는데 모두 바다 이야기와 관련된 일이요, 더욱이나 바다이야기가 정치권으로 불똥이 튕기면서 이권과 관련된 의혹이 얼마나 많은지 현재까지 밝혀진 바에 비하면 빙산의 일각이란 말들이 파다하니 참으로 걱정이 이만저만이 아니다.

실로 '바다이야기'는 너무도 참담한 일이기에 국무총리에 이어 대통령까지 전 국민 앞에 마음 깊이 사과 했다. 그러나 외국 사람들이 이 일을 놓고 볼 때에는 대한민국이 마치 사행심이 가득 차있는 도박의 나라로 오인할까 걱정이요, 그보다 더 큰 걱정은 우리 청소년들이

이러한 실정을 어떻게 보고 받아들이느냐가 가장 두려움의 문제다.

물론 이러한 일들이 어제 오늘의 일이 아니다. 이미 지상에 보도된 통계에 의하면 2000년 우리나라 전체 레저 시장에서 사행 도박 산업이 차지하는 비율은 27,8%였던 것이 2003년도에는 54,6%였으며, 2004년에는 51,3%이다. 그리고 우리나라에서 실행되는 관광, 여행, 취미오락, 스포츠, 공연, 전시 관람 등 전체 레저 사업 시장 중에 사실은 절반 이상이 '도박'과 관련된 시장이라고 지적 하고 있다. 이 시장의 규모에는 지금 문제가 되는 바다의 이야기 등에서 발행된 총 30조 원 가량의 상품권은 포함되지 않았다고 한다. 현재 밝혀진 것만 해도 서민들 측에서 생각해볼 때 엄청난 일이다.

우리나라 속담에 망둥이가 뛰면 꼴뚜기도 뛴다는 말처럼 우리가 가는 곳마다 성인 오락실이요, 골목골목마다 사행성 게임장으로 분비는 실정이다. 심지어는 꼬마들을 상대로 한 구멍가게에서도 사행심을 조장하는 판매기구들도 있다. 이렇게 보면 우리나라 전체가 도박장처럼 보이고 그렇게 느껴짐이 현실이다. 어찌다가 이 지경에까지 이르렀는지 모르겠다. 앞에서 지적한 바와 같이 이 나라를 이끌어 갈 차세대인 청소년들이 이러한 환경에서 병들어 가고 있으니 과연 큰일이다. 화급한 대책이 시급히 요청된다.

지난 8월 21일자 조선일보에 보도된 '집단 따돌림 해결 방안'이란 중학생 논술을 보면 우리 청소년들의 의식이 잘 나타나 있다. 이 내용에 의하면

"10대 청소년들의 사고방식은 매일같이 접하는 대중문화와 밀접한 관계가 있다. 폭력을 정당화하고, 차이를 인정하지 않는 몰개성화

시대가 청소년들의 사고방식을 형성하며 이것이 집단적으로 작용하여 따돌림이 되물림이 되는 것이다."

여기서 생각해 볼 문제는 불과 13~14살밖에 되지 아니한 어린학생인데도 얼마나 대중문화가 악영향을 주었고 또 받았기에 도저히 정당화할 수 없는 폭력이 정당화 되는 몰개성화 시대라고 지적했고 그런 비정상의 시대가 청소년들의 사고방식과 인격형성에 지대한 영향을 주고 있기에 어제의 부조리한 심리가 오늘도 역시 대물림 한다고 지적했는데 이것은 오늘의 사회를 이끌어가는 기성인들을 호되게 질책하고 있는 것이다.

그럼에도 기성세대들은 우리 청소년들이 어떻게 받아들일까를 전혀 염두에 두지 아니한 채 여전히 원자론적 이익사회 시스템에 억매여 저마다 각기 자기 혹은 소속하고 있는 집단의 이기적 욕망과 충족감을 위해서 분주히 움직이고 있다. 자기들의 목적만을 향해서 내가 이기느냐 네가 이기느냐. 내가 성공하느냐 네가 성공하느냐. 하는 대립의 관계와 경쟁심리로 박이 터지도록 싸우고 있는 것이다. 어찌보면 아귀다툼이 아닐까 여겨지기도 한다. 이러한 현상이 어느 부분만이 아니다. 정치, 경제 , 사회 ,문화, 언론, 교육 등 사회 전반에 걸쳐 이런 현상이 일고 있으니 그 어린 중학생의 판단이 잘 못된 것이라고 말 할 자가 그 누구이겠는가.

역사란 미래를 향해 전진하는 것이다. 좀 더 나은 미래를 위한 진지한 노력이야 말로 진정 값진 것이다. 이젠 어떠한 부정도, 사행심을 조장하는 바다이야기와 같은 사실도, 사소한 일의 모양까지도 단연코 버려야 한다. 그래야만이 정직하고 성실한 사회가 되고 이러한 삶을 살 때 아무리 치열한 국제경쟁사회라 할지라도 우리는 능히 그들을 제압하면서 살아 갈 수 있는 것이다. 그리고 후손들은 물론 차세대에게 자랑스럽고 떳떳한 이 나라를 물려줄 수 있는 것이다.

자연은 성실하고 거짓이 없다. 그러므로 바다는 시간과 공간을 초월한 무한량의 속삭임으로 순간을 순간으로 삭여버리는 영원의 질서요, 꿈인 것이다. 과연 바다는 우리의 사랑과 희망과 영원의 질서가 굽이치는 곳이다. 육체의 피로마저 한 없이 펼쳐진 바다를 바라보고 있노라면 언제 내가 지쳐있었느냐 할 정도로 또다시 활기를 되찾는 곳이 곧 바다요, 폭 좁았던 자아의 심리를 반성하며 풍부한 내일의 삶을 기약하는 것도 역시 바다다.

진정 우리나라 청소년들은 현재 논란이 되는 사행성 '바다이야기'가 아니라 자연의 바다에서 삶의 모습을 배워 국제사회에서 환영받고, 인정 닫고, 칭찬받고, 존경받는 미래를 열어야 하겠다.

(2006. 9)

10대들의 무서운 범죄와 선도

– 국민의 정신적 기반이 절실히 필요하다 –

작금昨今에 벌어지고 있는 10대들의 지각없이 저질러진 무서운 범죄행위를 보면서 누구나 이 나라 이 민족의 장래를 엄려하지 않을 수 없다. 이유는 말할 필요도 없이 청소년소녀들은 나라의 미래 주인공이기 때문이다.

근자近者에 이르러서는 소녀들까지 집단적인 범죄행위를 서슴없이 자행하고 있음을 볼 때 우려된 바를 넘어 중대한 문제라 여겨진다. 최근 조선일보 보도에 의하면 〈대낮에 서울 한 복판에서 여학생들이 담뱃불로 지지고 쇠파이프로 집단폭행〉이란 기사를 읽으면서 13 · 14세 여중생들이 무슨 이유로 끔찍한 폭행과 금품 갈취를 자행했던가. 경찰조사에 의하면 피해학생들이 순순히 말을 듣지 않고, 너무 건방지게 굴러서 때렸다고 진술했다는 것이다. 말을 듣지 않아서, 건방지게 굴러서, 남의 얼굴에 담뱃불로 지져야하고 쇠파이프를 휘둘려야만 하는 그런 잘못인가? 그들에게는 과연 그것이 그만큼 큰 잘못이라 여겨 그러했던가?

이들은 치가 떨리는 그 포악한 행동을 어디서 배웠겠는가. 뻔한 일이 아닌가. 이념도 없이 자기 타산에 맞지 않으면 극악무도한 원수를 대하듯 아들이나 형제 같은 자들에게 무참히도 쇠파이프를 휘둘러 데는 대모대의 모습 들, 그리고 폭력드라마에서 보아오던 담뱃불로 지짐 등을 평상시에 자주 보아왔기에 그대로 모방한 10대들의 행동이 아니었던가? 이들에겐 모방심리가 아주 강한 시기라서 무엇이 옳고 그른 것인가를 판단하기에 앞서 그대로 행동으로 옮기는 것이기에 더욱 무서운 범죄가 아닐 수 없다.

그것뿐이 아니다. 성적문란性的紊亂은 어떠한가. 통계숫자도 의미가 없을 정도다. 그만큼 사회의 도덕관념이 희박해졌다는 사실이다. 특히 인터넷시대에 살고 있는 현대는 성에관한 문제가 너무 개방적이어서 도덕이란 관념이 흐려져 버렸다. 이러한 사회적 영향으로 청소년소녀들의 성범행性犯行이 나날이 증가해가고 있고 악랄해져 가고 있음도 또한 사실이다.

과거 역사가 분명히 말해주고 있는 바와 같이 성적性的 도덕이 땅에 떨어진 국가나 사회는 모두 망했다는 사실을 보여주고 있는데 이는 누구나 다 아는 사실이기에 다시 제론할 여지도 없다. 이러한 의미에서 볼 때 우리 사회에서 청소년소녀들의 성범죄 행위가 나날이 증가하고 있는 사실을 바라만 보고 있다든가, 시대의 풍조이기에 어찌할 수 없다는 생각에 사로잡혀만 있다면 이같이 큰일은 또 없을 것이다.

확실히 우리에게는 요즘 생활상에서 볼 때 정신적 기반이 분명하지 않거나 없다고 단언해도 지나친 말은 결코 아니다. 윤리의 표준도 생활의 규범도 분명하지 않는 사회가 오늘의 사회가 아닌가. 한마디로 말하여 우리의 생활 속에는 삶의 철학이 없거나 아니면 분명하지 않다. 다시 말하여 우리가 살아가는데 있어 받쳐 주어야할 정신적 기둥이 없다는 것이다.

이제 결론적으로 말하고자 한다. 정치인들에게도 그 원인이 크다. 교육을 경제논리로 정책에 반영했다든가, 교육자를 경시 여겨 학생들 보는 앞에서 경찰관이나 학부모들이 교사를 연행, 폭행하여 교육이 무너진 일들이라든가, 요즘 대선전국을 보면 국가와 국민의 이익은 뒷전에 놓고 네가 이기느냐, 내가 이기느냐. 하는 경쟁과 대립의 자리에 선 심리라던가 자기의 주장을 내세우기위해 상대방의 의사를 무시해버리는 처사들을 우리 청소년들의 눈에는 어떻게 보일 것인가 하는 점이다. 교권이 무너졌으니 교사의 가르침을 몇 명이나 귀담아 들을 것이며, 자신의 이익을 위해서는 국가와 사회를 생각하기에 앞서 수단과 방법을 가리지 않는 수법이 자연히 그들의 마음속에 자리잡을 것이 아닌가.

또 오늘의 교육역시 반성해야한다. 지식 위주의 교육을 우선하다 보니 인격형성이라는 면을 경시하고 있음은 사실이기에 이런 결과를 초래했음은 두말할 여지도 없기 때문이다. 교육의 원래 목적은 홍익인간 즉 인간정신에 교육이 기초하고 있음을 재인식해야한다. 세계 어느 나라를 막론하고 교육 정도에 따라 범죄자 수가 극히 줄어진다는 사실을 바라보면서 우리의 교육도 바꾸어져야 한다.

여기서 빼놓을 수 없는 또 중요한 사실은 '종교의 신앙심이 필요하다'는 사실이다. 종교를 비과학적이라고 비웃는 사람이 있으나 그는 정신적 가치를 부정하거나 모르는 무식한 소치에서 온 것이다. 종교의 신앙심은 국민을 국민 되게 힘을 가지고 있다. 그러기에 덴마크 위대한 민족의 지도자 구룬트비는 나라의 재건은 3대 정신에 달려있다고 하여 ≪하나님을 사랑하자≫ ≪사람을 사랑하자≫ ≪땅을 사랑하자≫고 외쳤고 그의 제자 달가스 역시 '밖에서 잃은 땅 안에서도로 찾기 위해서는 3대 정신을 실천해야 한다고 역설力說했다.

날로 증가하는 청소년소녀 범죄문제는 법적 제재만으로 해결될 수는 없다. 온 국민이 나 한사람부터라는 의식으로 바르게 살자는 정신운동 및 종교의 사랑의 정신으로 그들을 일깨워 줌이 없다면 우리의 미래는 암담하다. 아무리 경찰관을 학교에 배치한다 해도 학부모들이 학교폭력에 앞장선다 해도 전 국민의 각성으로 정신 자세가 그들에게 본이 될 수 없다면 우리의 청소년소녀 문제는 백년하청이 될 것이다.

(2007. 6)

'새 도로건설 계획을 전면 백지화' 하라

– 건교부, 경기도는 부천시민의 소리에 귀 기울여야

부천지역을 지나는 서울외곽순환고속도로의 하부공간에 도로건설을 적극 반대하는 시민들의 목소리는 마냥 높다. 본지 21일자 1면 머리기사를 보면 시민들의 도로건설 반대 이유가 매우 타당하고 주장하는 바가 또한 분명하다.

그 이유를 보면 첫째로 소음 때문에 정서불안으로 정신적 피해가 많을 것이고 그로인하여 주거지역으로서 합당치 못하므로 집값하락 등 주민들의 물질적인 피해는 이루 말할 수 없을 것이며, 둘째로 아주 미세한 먼지와 내연으로 인하여 쾌적한 환경은 상상할 수조차 없음은 물론이요, 심지어 빨래를 널어놓을 수 없을 정도에 이르기까지 시민의 건강에 적신호를 울리는 요인이 될 것이다. 그 실례로 고속도로 주변 마을을 가 보아도 넉넉히 알 수 있는데 이곳 상동마을은 그 마을 보다 얼마나 근접해 있는가. 셋째 학생들의 등하교의 안전문제도 불안의 큰 요인으로 작용하고 있음은 두 말할 나위도 없다. 상동에 사는 4,500여명의 학생들은 외각순환도로 건너편에 초 · 중 · 고교가 있기에 매일같이 등하교시 그곳을 지나는데 도로가 개설되면 얼마나 불편하며 또 위험이 따를 것인가.

그 뿐이 아니다. 외곽순환도로 건너편에는 호수공원과 영상문화단지가 있어 그곳을 이용하려는 많은 시민들의 불편까지 감안한다면 그 피해가 이만저만이 아닐 것이다. 또한 그 도로가 개설될 경우 부천시민의 의식은 동서로 분류되어 둘로 갈라지지 않을는지 심히 우려된 바 크다. 그 가까운 예로 한강을 사이에 두고 강남과 강북으로 분류되어 처음엔 보이지 않는 심리적 갈등이었던 것이 요즘에 와서는 빈부와 교육여건 등으로 반목하는 일들마저 일어나는 것이 현실이다. 이러한 사실은 결코 바람직한 일이 못 된다. 우리가 바라고 원하는 것은 부천시민이 예외 없이 하나의 의식으로 뭉쳐 잘 살아가는 길이다. 이 길은 꼭 이룩해야할 삶의 중요한 가치요, 원리다.

그런데도 건교부는 교통정체 해소를 위해 불가피하게 올 연말까지 도로개설 할 뜻을 밝히고 경기도도 이에 찬성 입장을 보이므로 부천시민의 정당하고 타당한 의견이 묵살 되지나 않을까 우려된다. 실인즉 부천시민의 삶의 권리보다 더 앞선 타당한 이유가 있다면 그것을 밝혀라. 만일 그 주요원인이 경제 논리요, 손쉬운 건설 논리로 택한 발상이라면 지금이라도 부천시민의 정당한 반대의 목소리에 귀를 기울여 그 계획을 전면 백지화해야 한다.

우리나라 최초 도로사道路史의 기록이라 볼 수 있는 조선 영조시대(1770년) 신경준申景濬이 쓴 도로고道路考를 보면 처음 도로가 어떠한 원칙에 의하여 건설되었는지를 알 수 있다. 도로를 낼 당시 인가人家가 없는 곳에는 일직선에 가깝도록 냈으나 마을이 있는 곳에는 반드시 뱀처럼 꾸불꾸불하게 길을 설계했고 마을과 도로가 상당히 떨어지도록 하기 위해 그 어귀에서부터 마을을 중심으로 길을 빙 돌려냈던 것이다. 그처럼 도로와 인가가 떨어지게 한 이유는 마차의 소음과 먼지를 피하기 위한 것이며 또 꾸불꾸불하게 길을 낸 이유는 마차가 세차게 달리지 못하게 하여 그곳 주민들의 교통 위험에서 벗어나기 위한 것이라고 기록되어 있다. 이것이 도로를 낼 때의 기본 정신이다. 이처럼 우리 조상들은 도로 하나를 내는데도 인간의 삶에 대하여 쾌적한 환경과 안전을 위해 지혜를 모았건만 오늘 우리의 현 실정은 어떠한가. 외곽순환고속도로 하부에 도로 건설은 과연 기본 원칙에 합당한가. 그리고 너무 큰 비유가 될 줄 모르지만 60년대 말 경부고속도로가 이룩된 것을 보면 자연환경 조건과 도로의 기본 정신에 의하여 이루어진 고속도로였다. 당시 월남 전쟁에서 벌어들인 젊은이들의 피 값으로 공장을 세우고 고속도로를 냈으니 여유가 얼마나 있었겠는가. 그럼에도 견고하게 건설되어 개통을 본 것이다.

달리는 고속버스, 그 차창 가에 스치는 조국의 산천을 바라보면서 아름다운 내 국토임을 느끼는 순간 무얼 생각하겠는가. 애국하는 마음이 스스로 일어나지 않겠는가. 라는 그런 심리까지를 충분히 감안한 고속도로였다. 그런데 외곽순환도로 아래공간은 어떠한가. 비록 짧은 거리라 할지라도 인간을 위협하고 숨 막히게 하는 콘크리트 공간이 아닌가. 여기에서 승객들은 짜증과 불평이 일어나게 하는 도로다.

건교부와 경기도는 모든 조건이 불합리한 이곳에 왜 도로를 꼭 개설하겠다는 것인지 이해가 가지 않는다. 다른 일은 실패하면 원점으로 돌려 다시 시작할 수 있지만 도로는 백년대계라서 다른 일과 판이하게 다르다. 이미 도로를 내 놓고 난 후에는 이러이러한 결점이 있다할지라도 폐쇄시키고 다른 곳으로 돌릴 수 있는 그런 가벼운 일이 아니다.

도로는 국가의 원동력이며 생명의 젖줄이다. 그러므로 도로는 생명의 성장 원리에 따라야 한다. 한 생명이 자라나는 것은 안에서부터 밖으로 뻗어나는 일이다. 그것이 생명의 원리다. 말하자면 건교부나 경기도는 국민과 도민의 살 권리를 먼저 챙겨주는데 앞장서야만 내적 힘이 성장되고 그 힘으로 충실한 내적 성장이 이루어져 밖으로 뻗어 나가는 것이다. 그러나 내적성장을 도외시하고 외적 성장을 돕는다면 일시적으로 전시효과가 있을지 모르지만 그러나 내적으로 병들어 가는데 외적으로 어찌 건강하겠는가. 당국은 이를 명심해야 한다.

(2007. 8)

'음식물 쓰레기 최대 줄이도록' 생활습관 바꿔야

요 며칠 전 친구들과 저녁 식사를 하려고 음식점에 간 일이 있다. 참으로 맛있는 음식이라서 우리도 더 시킬까 하다가 소식小食이 건강에 좋다고들 하는 바람에 그만두었는데 옆 좌석의 손님은 음식을 더 주문하여 먹는 것을 보았다.

그런데 그 맛있는 음식을 3분의 1가량 먹었을까 할 정도이고 그 나머지 음식은 남겨두고 모두 일어섰다. 그 중 한사람이 이 많은 음식이 아깝지 않느냐고 하며 싸갔으면 하는 말을 하니까 그러면 내가 새 음식을 사 줄 터이니 가져갈려느냐 하는 바람에 그 사람 역시 아무 말 못하고 모두 돌아갔다. 그들의 뒷모습을 바라보면서 식당 종업원이 하는 말이 싸 가면 우리도 좋은데 하며 혼자말로 중얼거렸다.

식당 종업원의 말의 뜻은 음식물 쓰레기를 버리는데 식당에서 돈이 들기 때문이리라. 사실 그렇다. 우리나라에서 현재 음식물 쓰레기를 처리하는데 비용으로 한 해에 4천억 여원이 쓰인다는 사실이다. 이런 것을 생각하다보니 언 듯 우리나라가 '60년대 겪었던 가난의 상처가 되살아나 머리에 떠오른다. 잊을 수 없는 눈물겨운 사실이다.

얼마나 배고프면 굶주린 배를 움켜쥐고 음식점 쓰레기통을 뒤지다가 상한 닭다리를 보고 웬 횡재야 하며 집어먹은 두 어린이가 안타깝게도 식중독사한 일이라든가, 한 가족이 3일간 먹지 못하여 굶주리던 중 식당쓰레기통에 버려진 복어 내장을 생선 내장인 줄 알고 끓여 먹고 난후 그 독성으로 일가족 3명이 사망했다는 눈물겨운 사실이 당시 신문보도가 되어 전 국민의 마음을 아프게 했던 사건이 지금도 잊혀 지지 않는다. 그랬던 시절이 바로 엊그제 같은데 이젠 부자나라가 됐다하여 우리가 이렇게 흥청망청해도 좋단 말인가.

역사를 배우는 의미는 지난날을 돌이켜 보며 오늘의 잘못을 바르게 바라보면서 반성할 점은 반성하고 키워나갈 점은 더욱 성장시키면서 알찬 내일을 이룩하자는 것이다. 그런데 현대 젊은이들은 그런 가난에 시달린 지난 일들을 듣기 싫어한다든가 케케묵은 옛날의 이야기로 받아들이는 일들이 있는데 이는 병이 들어도 중병에 들린 자와 같으니 이는 수술을 받아도 대 수술을 받아야 마땅하다.

또 우리의 눈을 밖으로 돌려보자. 전 세계에서 매일 마다 먹을 것이 없어 죽어가는 인구가 3만 여명에 이른다고 하는데 우리가 같은 인간으로서 먹을 만한 음식을 마구 버린다는 것은 그들에게 큰 죄를 짓고 있는 것이 아닐 수 없다.

어느 여행가의 글을 읽어보면 우리나라를 방문한 티베트 소년을 대접하기 위해 음식점에 데려갔는데 때마침 옆 자석의 손님이 감자

볶음을 먹고 난 뒤 그 음식을 반이 넘도록 남겨두고 일어서자 그 소년이 음식을 대접하려는 자에게 그 쪽을 가리키며 식사를 다한 것이냐고 물었을 때 그렇다는 의미로 고개를 끄덕이자 그 소년은 곧바로 접시를 씻을 필요가 없을 정도로 깨끗이 비웠다고 한다. 그렇지 아니해도 자기가 먹을 음식은 대접해주고자 하는 자가 충분히 제공해줄 터인데 이같이 한 것은 우리가 한번쯤 이일을 깊이 생각해 보아야 할 것이다. 이것이야말로 티베트인들의 삶의 습성을 함축적으로 보여주고 있는 것이 아닐까 한다. 물론 그들이 경제적으로도 후진국임에는 틀림이 없지만 음식을 소중히 여긴다는 점에서도 그렇고 친환경적인 면에서도 그렇기에 그 정신만은 높이 평가하고 싶다.

우리가 버린 음식물 쓰레기를 비롯하여 각종 쓰레기들로 온 땅이 몸살을 앓고 있고 그로 인하여 생태계 전반에 걸쳐 죽어가고 있기에 우리의 삶은 점점 위협받고 있는 실정이다. 그러기에 그것을 방지하기 위해서라도 현재 친환경제품을 많이 만들어 내고 있는데 앞으로도 계속 이런 속도로 음식물 쓰레기를 버리게 된다면 아무리 친환경제품을 무제한 만들어 낸다할 지라도 옥토로 살려내기는 어려울 뿐 아니라 그것을 만드는데 투자되는 돈은 몇 천억이 될지 예측하기 어렵다.

우리는 식당에 가서 음식을 시키는데 먹지 않을 반찬은 미리 물리고 먹고자 하는 음식만을 적당히 주문하거나 가져다가 그것을 남기지 말고 다 먹음으로 그에 소모되는 필요 없는 낭비는 절대적으로 막아야한다. 그래서 거기에 들어가는 모든 경비를 매년 사회복지에 투자한다면 우리도 머지않은 날에 사회복지 왕국이 되어 그 해택을 모두 누릴 것이 아닌가. (2007. 9)

제3부

사랑의 실천을 기대하며

교원평가제 심중히 검토하고 하라

교육과학기술부는 교사평가제를 2010년 3월부터 초·중·고교에 전면 실시할 계획이라고 국정감사 업무 보고에서 밝혔다. 이제 이 안을 국회에 제출하여 통과되면 법적절차는 모두 마치게 되니 이제 시행만하면 된다.

교원평가제는 교사의 교육능력을 평가하는 제도이다. 공교육의 질을 높이고 사교육부담을 덜거나 없애기 위해서는 필요한 정책이다. 선진국 여러 나라에서는 오래전부터 실시하고 있다. 제대로만 할 수 있다면 우리도 반드시 실시해야 한다. 그래야만 세계화시대의 경쟁에서 승리할 수 있기 때문이다.

그렇다고 해서 선진국에서 실시하는 교원평가제를 무분별하게 받아들인다든가 모방한다면 큰일이다. 가령 외국에서 잘 자란 식물일지라도 옮겨 심을 때에는 반드시 그 지방의 기후, 토질, 습도 등을 보듯이 우리의 실정에 알맞아야 한다.

그런데도 들리는 말에 의하면 교원 평가자 중에는 학생과 학부모가 들어 있다는데 이는 현실을 직시하지 못한 결과가 아닌가 여겨지기 때문이다.

교사를 단순히 지식전달자로 본다면 그들이 평가해도 가능하다. 그러나 안병욱 교수가 말한 것처럼 "교육은 혼과 혼의 대화요, 인격과 인격의 부딪침이요, 정성과 정성의 호응이요, 정열과 정열의 만남이다."라고 볼 때 교사는 학생들의 영靈적인 성장을 돕는 자인 것이다. 그렇다면 거기에는 반드시 전문적의 식견이 있어야하고 이에 못지않게 교양을 겸비한 지성을 갖추고 있어야 한다.

그런데 우리의 실정은 어떠한가. 교권은 완전히 땅에 떨어져 짓밟히고 있다. 하찮은 일에도 학부모 중에는 교사의 뺨을 치고, 가르치기 위한 사랑의 매인대도 고소하겠다고 위협을 하고 있는 몰지각한 자들이 있는가 하면 학생들 중에도 역시 무엇이 옳고 잘못인가를 판단할 능력도 없으면서 교사를 얕잡아 보고 욕설과 발길질까지 하는 현상이 오늘의 실정이다. 이러한 상황에서는 아무리 훌륭한 교육철학을 가진 교사라 할지라도 소신껏 이를 펼 수 없는 실정이고 이런 현실 속에서는 지식을 파는 자로 전락할 수밖에 없다. 이것을 증명하고 있는 것이 바로 오늘의 현실이 아닌가. 사설 학원이 학교보다도 인기를 더 모으고 있는데 이는 학원이 돈을 받은 만큼 지식을 잘 포장해서 학생들에게 전수시키고 있기 때문이다. 그것을 학생이나 학부모들은 대부분 교육의 전부인 양 착각하고 있다.

이러한 현상이 '90년대 초부터 급격히 지식만능주의 교육으로만 치달으면서 폭팔적인 인기를 모으고 있는 실정이다. 그러므로 오늘의 현실은 인격 양성을 위한 참교육은 이상론에 불가하고 지식을 매매하는 상업심리 교육으로 전락했다고 말한다면 무리일까. 이것은 시대적 조류라고 말하는 자가 혹 있을지 모른다. 그렇다면 선진국도 우리와 같아야할 것이 아닌가? 그런데 우리의 현실과 전혀 다르다. 그 한 예로 오늘의 각박한 젊은이들의 극단적인 이기적 사고방식을 보라. 이것을 한낱 시대적 조류로만 보는가. 아니면 우리가 그간 시행해온 지식만능 위주의 교육에만 치중했던 결과로 보는가. 심중히 따져볼 일이다.

교육은 국가의 원동력이다. 교육에는 반드시 교사가 있다. 교사의 사기에 따라서 교육의 질이 좌우된다는 사실을 잊어서는 안 된다. 오늘처럼 교사의 권위가 땅에 떨어지고 짓밟혀서는 결코 교육이 성공할 수 없다. 이것은 진리다.

교육 당국이 2010년 3월부터 실시하려는 초·중·고 교사평가제를 실시하려면 심중히 검토한 연후에 실시해애 할 것이다. 교육은 결코 지식을 파는 상행위만이 교육의 전부가 아니다. 그러기에 앞에서 지적한 바와 같이 전문성과 인성 등을 고루 갖춘 자라야만이 교사평가를 제대로 할 수 있고 그래야만 소기의 목적을 이룰 수 있으리라 믿는다. 선진국의 예만을 보고 주먹구구식으로 시행해서는 결코 안 된다. 조건과 여건이 다른데 형식만 도입하면 교사의 사기만 저하시킨다. 다시 말하거니와 교사의 사기는 이 나라 교육의 운명이 달려 있음을 꼭 명심해야 한다.

(2008. 11)

교육자에게 '신고의 자유'를 허용하라

– 학교폭력예방 및 대책에 관한 법률을 보고 –

지난 6월 2일자 본지 2면 자치칼럼 난에 필자는 "10대들의 무서운 범죄와 선도"란 제하의 글을 게재揭載한 바 있기에 뒤이어 '학교폭력 및 성폭력에 관한 칼럼'을 쓰고자 부천교육장실을 찾아갔다. 관내 출장이라고 하여 돌아온 뒤에도 계속 3차나 사전에 전화를 하고 방문하려 했으나 여전히 출장이라고 일관하기에 다음과 같은 내용의 질의서를 보냈다.

그 내용을 요약하면 다음과 같다. 만일 관내에서 학교폭력 및 성폭력에 관한 사안이 발생되었을 경우 교육장은 어떻게 결단을 내릴 것인가에 대한 '방법론'을 묻는 내용과 어떠한 결단을 내릴 것인지에 대한 '지혜'를 묻는 내용, 교육철학으로 해결할 것인가에 대한 '가치성을 전제로 한 주관적인 판단'의 내용을 묻는 질의서였다. 이에 대한 답변서 내용을 요약하면 '학교폭력과 성폭력'이 발생하지 않도록 예방교육에 전력을 다하고 있고, 발생할 경우 가해 학생을 '학교폭력 예방 및 대책에 관한 법률과 성폭력범죄의 처벌 및 피해자 보호 등에 관한 법률에 따라 조치하고 수사기관에 신고하여야 함. 이라는 내용이었다.

'법률에 따라 조치하고 수사기관에 신고하는 것이 교육이 아니기에' 이같이 답변서를 보낸 고붕기 교육장의 의도를 알아보려고 2004년 1월 29일 공포 발효된 "학교폭력예방 및 대책에 관한 법률, 제7119호"를 살펴보았다. 본 법령 제18조에 학교폭력의 신고 의무申告義務 조항으로 되어있다. 그 세부적 내용을 보면 ①학교폭력 현장을 보거나 그 사실을 알게 된 자는 학교 등 관계기관에 즉시 신고 해야 한다. ③누구라도 학교폭력의 예비·음모 등을 알게 된 자는 이를 학교장 또는 자치위원회에 고발할 수 있다. 다만 교원이 이를 알게 되었을 경우 학교장에게 보고 해야 한다. 로 되어 있다.

본 조항을 보면 '비상사태'를 극복하기 위한 〈비상조치〉형태의 법령같이 보인다. 그만큼 학교폭력사태와 성폭력 사태가 청소년소녀들의 심각한 상태로 대두되어 불가피 하다고 하겠지만 이것은 어디까지나 '응급수술'정도로 그쳐야 한다. 그리고 어떻게든지 최단시일最短時日 내로 교육자에게 '신고의 의무'를 '신고의 자유'로 바꾸어 그들에게 '자유'를 충분히 허용해주는 방향으로 전환 되어야 한다. 그렇지 않으면 교육을 망치는 결과를 초래할 것이기 때문이다. 그 이유는 교육은 수학공식이나 과학의 원리처럼 고정 불변의 것과는 너무도 거리가 멀다. 그 예로 오늘 비록 말썽을 피웠던 학생이라 할지라도 교육을 통하여 내일의 개과천성改過天性이 될 수 있고 모범학생으로 거듭난 사례도 그간 많았던 것도 사실이기에 그러하다. 이것을 우리는 그간 교육의 보람이요, 가치로 여겨왔다.

그런데 이 법이 얼마나 민감한지 발효된 이후 얼마 되지 않아 많은 교사들이 교육자의 사명보다는 직업의식의 교사로 전환하는 것이 도리어 속편한 방법이라고 생각해 버리는 자들이 많다는 것이다. 그렇지 않으면 자칫하여 교단을 물러서야하는 위험성이 높기 때문이다. 가뜩이나 오늘의 교육환경을 보면 교사가 학보모와 학생들로 하여금 인격적 모독을 당하는 일들이 얼마나 많은지 모른다. 그렇다 해도 그 자질구레한 감정 때문에 '문제성이 있는 학생들을 놓아두고 이대로 방관할 수 없다. 내가 아니면 그 누가 학생들을 돌볼 것인가.' 이러한 교육의 일념으로 일하는 교사와 교장이 있다. 이같이 뜻있는 이들은 학생들을 자기의 아들과 딸처럼 안아주고 상처를 어루만져 주는 교사의 사랑 때문에 신고의 의무도 뒤로 미룬 채 눈물로 기도하면서 하루하루 지도했다. 그런 동안 '신고 의무를 위반'했다하여 그 교사를 '직무유기'로 처벌을 받기도 하고 또 교사가 이런 관계로 교장에게 보고를 못했기에 교장이 또다시 '관리 소홀'로 중한 처벌을 받기도 했다는 것이다. 이같이 억울하게 희생양이 되어버린 교사와 교장이 얼마나 많은지는 정확한 통계숫자를 제시할 수 없어 필자 역시 퍽 안타까운 마음이다.

물론 통계숫자도 필요하겠지만 그보다 앞서 진정, 학생들을 사랑으로 지도하는 교사들이 이 법 때문에 교단을 물러서야한다는 것은 국가적으로 얼마나 큰 손실인지 모른다. 한 명의 교사가 1년간 가르치는 학생의 수를 200명으로 환산했을 때 10년이면 며 천명이며, 20

년이면 얼마나 많은 학생들이 올바른 교육을 받아 나라의 동량棟樑이 되겠는가.

본 자치칼럼 서두序頭에서 밝힌 바와 같이 부천교육장의 답변서에서 '법률에 따라 수사기관에 신고 한다.'로 되어 있는 이유는 바로 이 법령에 저촉되기 때문일 것이다. 이같이 교육자가 규격품적인 법령에 의하여 움직이기 마련일 경우에는 하나의 기계로 화한 것이며 그 일처리가 일사불란一絲不亂하게 이루어진다할 지라도 그것은 일종의 광고효과에 불과한 것이지 그 이상의 평가도 이루어질 수 없다.

다시 말하거니와 교육은 오직 사랑으로 이루어져야 한다. 동양윤리에서 강조한 군사부일체君師父一體의 정신은 교육의식에서 비롯되었다. 임금은 백성을, 스승은 학생을, 아버지는 자식을 사랑으로 이룬 일체의 정신이다. 이것이 삶의 근본이요, 교육의식이다.

그러므로 교육자에게 자신의 교육이념을 실현시킬 수 있도록 '신고의 자유'가 존중되어야하고 허용되어야 한다. 그래야만 생명이 발현發現 될 수 있는 참 교육이 이루어질 것이다.

(2007. 7)

무너진 교육을 시급히 회복시켜야 한다

나는 요즘 교사들의 비리를 낱낱이 들추어 보도하는 것을 보고 개탄하지 않을 수 없다. 이러한 무분별한 보도는 우리의 교육을 망치고 미래사회를 뒤흔들며 국가의 장래를 암담하게 만드는 일이기 때문이다. 우리 속담에 망둥어가 뛰면 꼴뚜기도 뛴다고 했듯이 그 영향으로 일부 몰지각한 학부모들까지 교사를 우습게 여겨 하찮은 일에까지 무릎을 꿇게 하고 더 나아가 학생들마저 교사에게 발길질을 하는 작태까지 일어나고 있으니 교권이 완전 무너져 우리 교육이 말이 아니다.

그렇다고 해서 비리를 저지른 교사들을 두둔하고 싶은 생각은 전혀 없다. 그들은 응당히 교단에서 물러나야하고 응분의 처벌을 당연히 받아야 한다. 이 길이 교육을 보호하는 길이며 밝은 교육의 미래를 여는 열쇠다. 이래야만 국가백년대계를 이루는 교육으로 이룩하는 것이다.

그러나 현재 학생들이 교사에게 교육을 받고 있기에 그들의 비리를 낱낱이 공개한다거나 우습게 여기면 학생들이 교사를 불신하라는 말과 다름이 없는 것이므로 이는 교육을 망치도록 부추기는 일이라 하지 않을 수 없다.

어쨌든 교육은 학생들이 교사의 인격을 믿고 따를 때 진정한 교육이 이루어진다. 교사를 불신할 때에는 어떠한 경우도 학생들이 마음의 문을 열지 않기 때문에 아무리 좋은 프로그램으로 교육을 진행시킨다 해도 정력낭비요, 시간의 낭비일 뿐이다.

우리가 해방 이후에서부터 80년대에 이르도록 우리 부모들이 생명줄이라 할 수 있는 논밭까지 팔아가면서 학교에 보낸 것은 학생도, 학부모도 다 같이 교육을 믿었기 때문이요, 교육자의 권위를 인정해 주었기에 교육의 효과는 극대화 되어 현재 부강한 나라의 원동력이 된 것이다.

그 때는 정치적으로 사회적으로 혼란의 와중에 있었기에 그 어수선한 틈을 따서 엄청나게 교육비리가 많았음에도 이를 슬기롭게 극복하여 교육의 장을 이룩한 것은 오직 교사의 비리를 눈감아 준 것이 아니라 비리가 발생할 때마다 조용히 처벌해왔기 때문에 오늘날처럼 교육이 무너지지는 않았다고 본다.

그러던 것이 90연대 후반에 와서 일부교사들의 작은 비리까지 모조리 폭로하고 학생들 보는 앞에서 경찰이 교사를 연행하는 일들이 서슴지 않고 자행됨에 따라 학생들에게 비치는 교사의 권위는 여지없이 추락하여 땅에 짓밟히게 되었고 이로 인해 교육이 완전 무너지고 말았다. 현재 교육의 현장을 보면 학생들이 교사의 말을 전혀 듣지 아니하고 제멋대로 행동하는 학생들의 수가 점차 많아져 진정 교육을 받고 자하는 교실 분위기인지 자못 의심스러울 정도다. 이러한 실정에 이르다보니 요즘 젊은이들 간에는 학교교육이 이대로 간다면 결코 자기 자녀만은 학교를 보내지 아니하고 〈홈스쿨〉에서 가르치겠다고 말하는 자들이 점차 늘어나고 있는 실정이다. 이것은 공교육이 무너지는 소리가 아닌가?

교육은 교사의 권위가 그 생명이다. 교사의 권위가 망가졌을 때 교육이 무너지는 것이다. "한 나라의 장래는 그 나라의 교육으로 점칠 수 있고, 교육의 장래는 교사에 의해 이루어진다."라는 말은 바로 이를 뒷받침해주고 있다.

성경(갈, 3:24외)에 몽학선생이 나온다. 그는 종의 신분이기는 하나 지혜롭기에 주인의 아들을 맡아 가르치는 몽학선생의 신분으로 격상된 것이다. 배움을 받는 아들이 16세가 되면 성인의 자격으로 아버지의 상속권을 받아 어엿한 주인이 되는데도 몽학선생은 거기에 이르기까지 조금도 구애받지 아니하고 구김살 없이 지도할 수 있었던 것은 거기에는 반드시 권위가 주워졌기 때문이다.

탈무드에 의하면 상전이 몽학선생에게 회초리를 들려주면서 아주 엄하게 가르치도록 권하고 있고, 아들에게도 아버지의 가르침이 곧 몽학선생의 가르침이라고까지 권위를 부여해주고 있다. 이 같은 교권 부여는 교육을 교육되게 하는 것이다.

그간 우리가 교육자를 우대한다고 하여 무슨 생활비나 넉넉히 주고 사회적 지위를 높인다고 하여 우리가 원하는 교육이 제대로 이루어지는 것은 아니다. 그것은 우는 아기에게 사탕을 주어 달래는 것과 조금도 다를 바 없다. 진정 미래가 있는 교육이 되려면 교사가 교육 이념을 실현시킬 수 있도록 권위를 충분히 보장해 주어여 한다. 교사의 권위를 보장하지 않으면 교육의 미래도 없을 뿐 아니라 국가의 장래도 없다. 교육은 결코 경제논리가 아니다.

현재와 같이 교사가 단지 지식전달자로 절락시키면 시킬수록 우리나라 교육은 그 이념과 거리가 멀어져갈 뿐이다. 과거 우리는 교육이념이 홍익인간 있기에 인간교육과 지식교육을 병행하여 교육의 틀을 이렇게 구축해 올렸다고 아무리 큰 소리를 쳐도 필요 없는 일이다.

교육은 현재에서 살아 움직이는 결실을 보지 못하는 한 그 과거는 현재와 아무런 관계가 없다. 이집트 찬란한 문명이 6천년이라 하지만 지금은 이집트가 그런 형편에 있는 한 그런 형편의 이집트로서의 평가밖에 받지 못한다. 우리 교육도 예외여야 할 아무런 특권도 부여받지 않았다는 것을 우리는 명심해야 한다. 분명히 말하지만 보다 나은 미래를 위한 진지한 노력이 없이는 미래도 없다.

그러므로 우리는 무너진 교육을 다시 구축해 올리는 도리밖에 없다. 그 첫 단계로 교사의 권위를 회복시키는 일이다. 그러기 위해서 우선먼저 교사의 비리에 대하여는 상급기관에 맡기고 세상에 폭로하는 보도만은 자제해야 한다. 이 길만이 학생들의 불신에서 자유로워진 교사가 되는 길이며, 교육을 정상화에 이르도록 돕는 첫 단계일 것이다.

(2006. 5)

부모사랑 있어야 자식이 바르게 자란다

집단 식중독 사태로 학교 급식이 중단되자 "학부모만 고스란히 피해를 보게 된다."고 연일 계속 보도 하고 있다. 이말을 어떻게 이해해야 할 것인가. 진정 자식 사랑의 마음이 부모에게 있다면 식중독으로 인한 학교급식이 중단되었으니 자식 건강을 위해서 믿을 수 있는 대책이 나오기까지 온 정성을 쏟아 자식 도시락을 챙기는 일이 정말 당연한 일인데도 어찌 도시락 싸는 '사랑의 수고'를 학부모의 피해라고 말해도 좋은가. 퍽 의문이다.

자식을 위하는 일이라면 물불을 가리지 아니하는 부모의 마음이 아닌가? 아마도 언론 보도의 어휘가 잘못되었으리라고 여겨진다. 동물의 세계에서도 새끼사랑의 본능은 천 년 전이나 지금이나 조금도 변함이 없는데 어찌 만물의 영장이라고 하는 인간만이 변할 수 있는가?

지난날 어느 농촌에서 있었던 '도시락에 얽힌 일화'를 예로 살펴보자.

어머니는 매일 먼동이 트기 전에 논밭으로 달려야 하기에 하루 내내 농사일에 지쳐 피곤한 몸인데도 다음날 자식의 도시락 반찬을 만드려고 밤늦도록 애쓰시는 어머니의 모습, 도시락 반찬이 변질될까 바 냉장고에 넣었다가 다음 날 이른 새벽, 지은 밥과 함께 도시락을 싸는 어머니의 마음, 이렇게 정성이 담긴 도시락에서 어머니의 진한 사랑을 자식은 느끼곤 했었다.

어느 여름날이다. 도시락을 막 먹으려고 교정 푸른 풀밭 그늘 밑에 앉으려는데 멀리서 어느 여인내의 밭 매는 모습이 보였다. 모든 생물들이 한낮 불볕을 피해 그늘로 돌아간 텅 빈 들녘인데도 그 여인은 여전히 밭에 남아 이랑의 풀을 매고 있었다. 이를 본 그 순간 아들은 어제 밤 그 피곤을 무릅쓰고 내 도시락을 싸기 위해 찬을 만드는 어머니의 모습이 필름처럼 스치고 지나갔다. 어머니의 노고가 가슴에 맺히고, 어머니의 사랑이 눈물로 변하여 옷깃에 뚝 떨어졌다. 감동어린 눈물이었다.

자식 교육은 말보다는 사랑의 마음을 행동으로 보여주어야 한다. 그러할 때 아무리 어린 마음일 지라도 감동이 일어나고, 일어난 그 감동은 교육의 효과로 이어진다. 누가 시켜서가 아닌 자발적인 자기 스스로의 자기교육이기에 그 효과는 상상을 초월한다. 참으로 사랑은 교육의 천재요, 어머니다.

자식을 기르는 오늘의 어머니들에게 꼭 이 말을 들려주고 싶다. 아무리 어려도 어머니 사랑만은 느낄 수 있고, 그 가슴에 그런 감동이 일게 되면 행동의 변화가 일어난다고. 말 못하는 젖먹이 간난 아기에게도 어머니의 따뜻한 눈길을 보낼 때 방긋방긋 웃음으로 응답하지만 그러나 엄마의 화난 얼굴을 보여주면 아기는 곧 기가 죽거나 아니면 울음을 터뜨린다. 이것이 응답이요 변화가 아닌가?

부모의 사랑이 있어야 자식이 바르게 자란다는 사실을 꼭 잊어서는 안 된다.

(2008. 7)

비전 있는 유치원 교육이 이뤄져야

지난 7월 초순 원미구 상동 호수공원에서 보고 느낀 일이다.

어느 유치원에서 온 원생들인지는 잘 모르나 30여 명의 귀여운 꼬마들이 세 팀으로 나누어 각각 원을 그리듯 빙 둘러 앉아 있었고 교사는 그들에게 간식을 나누어주고 있었다.

이러한 모습을 본 나는 '저렇게 하면 안 되는데!'하는 생각이었으나 그 공원을 가로질러 약속시간을 맞추려고 바삐 가는 처지라서 바쁜 발걸음을 더욱 재촉해야만 했을 뿐 꼭 교사에게 해주고 싶은 말을 하질 못했다.

교사의 언행이 지대하게 미치는 유치원 교육

'원생들에게 봉지에 담은 과자를 일일이 나누어 주고 있는 저 모습,' 교사는 왜 저럴까?

교육적 큰 가치가 저 안에 담겨 있다면 얼마나 좋을까. 그러나 '교사가 행했던 일'에는 아무런 가치를 발견하지 못했다. 그런데도 어린이들은 옳고 그름을 따지지 못하기에, 스펀지가 어떠한 물이든 빨아드리듯 백지상태에서 교사의 행동과 말을 그대로 받아들인다. 그러기에 그 언행이 참으로 막중하다는 것이다. 유치원 교육은 초·중·고·대학의 어느 교육보다도 인격 형성에 가장 많은 영향을 주기 때문이다.

교사는 원생들에게 골고루 음식을 섭취해야만 하다는 것과 적당량을 먹어야 건강에 좋다는 사실을 구체적인 사례를 들어 교육(이해)시키고 난 후에 자기가 먹고 싶은 양量의 과자를 앞에 나와 골고루 가져가라고 했어야 했다. 그래야만 원생들의 질서교육 등 건전한 생활습성교육을 아울러 시킬 수 있기에 그러하다.

여기에는 여러 교육이론이 있겠지만 그중 〈열린교육〉이 꼭 필요하다고 본다. 그런데도 〈닫힌교육〉을 시키고 있기에 하는 말이다. 그러면 '열린 교육'과 '닫힌교육'을 간단히 비교해 봄으로 그 설명이 가능하리라고 여겨진다.

열린교육과 닫힌교육의 차이점

① 교사가 과자를 나누어 줄 때와 원생 스스로 가져갈 때의 차이점

▶ 열린교육 = 선생님 가르친 대로 자기가 무슨 과자를 얼마만큼 먹어야 할 것인가. 그리고 자기의 건강을 위해서 먹을 수 있는 적당량이 어느 정도인가를 어

린이 나름대로 심중히 생각하며 과자가 있는 곳에 나가 선택을 한다.

▶ 닫힌교육 = 생각할 필요가 전혀 없기에 아무런 생각 없이 교사가 주는 대로 받아 먹으면 그만이다.

② **책임의식과 한계성의 차이점**

▶ 열린교육 = 자기가 스스로 과자의 양(量)을 정(선택)했기에 자기의 건강을 자기가 생각하게 되고 이에 따른 책임의식도 갖게 된다.

▶ 닫힌교육 = 과식으로 인해 자기 건강의 문제가 발생 되었을 경우일지라도 그 과자를 나누어준 교사에게 책임을 돌릴 뿐 자기의 과실을 인정하지 않는다.

③ **근면성과 성실의 자세**

▶ 열린교육 = 자기가 먹을 것을 얻기 위해서는 노력(걸어가서 구하는 일) 해야만 한다는 의식을 작은 생활 속에서부터 기르게 된다.

▶ 닫힌교육 = 자기가 노력하지 않아도 공급 닫기에 의타심과 개으른 심리가 싹튼다.

교사의 세심한 교육이 솔선 되어야 한다.

이 외에도 자연보호 의식을 기르는 습성 등 얼마든지 예를 들을 수 있는다. 그러나 지면 관계로 모두 생략하지만 유치원교육은 백지 상태인 어린 생명에게 인격을 심어주는 막중한 교육임을 잊어서는 안 된다. 다시 말하거니와 제멋대로 자라나는 심리에 정신적인 통제로 조절시키는 교육, 즉 인격의 교육을 받으려면 교사의 세심한 언행이 솔선 되는 교육이어야 한다. 그래야만 어린이 교육이 제대로 이루어지는 것이다.

(2007. 5)

부천장학재단 공식 출범을 충심으로 환영한다

그 나라와 그 지역사회의 흥망성쇠는 무엇보다도 인재 양성과 그 성장 여하에 좌우된다. 이런 의미에서 볼 때 본지 3월 25일자 1면 머리기사 "부천장학재단 공식 출범"은 부천시민에게 큰 희망을 주었고 우리나라의 미래에 서광을 안겨주었다.

부천시에서 출자한 50억 원으로 발족하게 된 본 장학재단은 앞으로 3년 이내에 100억 원, 그리고 5년 이내에는 200억 원을 조성할 목표를 가지고 있는데 그 대상은 관내 거주학생 또는 관내 학교 출신 학생 중 우수학생, 우수교사, 지역교육 발전에 기여한 시민 또는 단체를 지원하게 될 것이라고 한다.

부천장학재단에 거는 시민들의 푸른 꿈과 인도印度의 예

본 장학재단의 첫 사업으로 우선 성적 우수자와 생활이 어려운 고교 · 대학생 중 135명을 선발, 고등학생은 연간 1인당 120만원, 대학생은 200만원을 지원하여 총 1억 8천여만 원의 장학금을 지급할 계획이라고 한다.

'일등도시 부천'을 이룩하기 위해 인재를 양성한다는 푸른 꿈으로 출범한 본 장학재단의 비전은 그 무엇보다도 위대한 것이었다. 그러기에 부천시민뿐만 아니라 우리 모두가 거는 기대 역시 자못 크고 높다고 하겠다.

세계의 주목과 존경을 받아온 나라와 국민들은 그의 교육 수준과 민도 여하에 따라 결정되었고 국가와 지방의 문화척도에 따라 좌우되어왔다. 특히 특출한 인재를 국가에서 얼마나 산출産出시켰느냐에 따라 그 척도의 우열이 가려져 왔다.

그 예로 인도印度가 6, 70년대까지만 하더라도 민도民度나 수준이 밑바닥에서 허덕이고 있었다. 그렇다 할지라도 당시 세계는 인도를 말하거나 바라볼 때 으레 〈간디〉나 〈타고르〉나 〈네루〉등을 연상하는 가운데 평가의 기준을 찾으려 했던 것이다.

오늘날도 마찬가지다. 인도 경제 순위는 비록 세계 10위(2007년도 기준)라 할지라도 그는 교역량이 많아서 그랬을 뿐이고 실제 인도 국민의 생활수준은 형편이 없다. 일인당 국민소득을 따져보면 2007년도 기준 978달러로 엄청나게 가난하여 세계 131위에 머물러 있다.

그런데도 교육수준을 보면 전 인구의 70~80%가 영어구사가 가능하며 우리들은 9X9단을 사용할 때 그들은 19X19단을 암기함으로서 거기서 오는 빠른 연산 능력은 커다란 경쟁력으로 다가와 세계를 긴장시킬 정도이다. 또 인도인은 물리, 의학, 경제학, 문학, 평화분야에서 노벨문학상을 6회나 수상했고 1,300여 대학에서 매년 12만 명의 IT 전공자가 졸업하고 있다. 이러한 우수 인력은 탄탄한 글로벌 인적人的 네트워크를 구성했기에 미국 경제학의 3대 인맥은 유태인, 몰론계, 인도계이다. 이같이 유능한 인재가 많이 배출되는 상황인데 어느 누가 이 나라의 국민들을 얕잡아보겠으며 장내성이 없다고 하겠는가.

교육은 한 나라, 한 지방의 운명을 좌우한다.

교육은 한 나라, 한 지방의 운명을 좌우한다. 재능은 있으나 경제력이 없어 학업을 포기하므로 능력을 발휘 못한다는 것은 큰 손실이다. 뿐만 아니라 특히 수재秀才나 천재天才를 길러내는 일이야말로 교육 당국은 물론, 국가나 지역단체에서 앞장서야 한다. 이런 의미에서 근년近年에는 여러 가지 장학제도며 문화재단 등이 설립된 것을 본다. 참으로 환영할 일이요, 더욱 권장해야할 일이다.

요즘 각종 특혜로 상당히 말썽이 되고 있다. 그러나 진정한 장학재단 건립과 수재나 천재를 길러내기 위한 특혜는 결코 손실이 아니며 그 일에 대하여 투자하는 정부나 지방 자치단체나 혹은 문화단체 또는 개인에게 존경과 우대가 있어야하겠다. 그래야만 이 나라 청소년들의 질 높은 교육도, 특수 방안도, 파격적인 연구실천도 이루어지리라고 본다.

부천장학재단에 특별히 당부하고 싶다.

부천장학재단에 당부하고 싶은 바는 우수한 인물들이 졸업한 후에도 계속 부천에 남아 있어 각자의 분야에서 우수 연구실적을 올릴 수 있도록 항구적인 계획을 수립해 달라는 일이다. 그래야만 본래의 취지대로 우수인력이 '일등도시 부천'을 이룩할 수 있기 때문이다. 그 우수인력이야말로 요즘 말하는 일자리 창출의 원동력이 된다. 그러므로 그들은 매래의 부천을 살기 좋은 선망羨望의 도시로 이룩하는데 가장 중추적인 역할을 담당하여 이를 이끌어가게 될 것이다.

그러나 만일 그렇지 못했을 때 힘써 길러낸 인재들을 다른 지방으로 빼앗기게 될 것이요, 그렇게 된다면 그 비전은 한낱 공염불에 불과할 것이 아닌가. 그렇게 될 때 시민의 혈세도, 이곳에 종사한 자들의 투자와 정열도, 시민들의 기대도 한낱 물거품이 될 것이니 이에 대한 손실이 얼마나 크겠는가.

부천장학재단이야말로 부천의 미래를 열어갈 밑천이자 씨앗이다. 이 씨앗을 옥토에 뿌려 백배 천배의 결실을 거둘 수 있도록 본 재단은 심혈을 경주해주기를 당부하면서 이에 희망을 덧붙인다.

(2009. 4)

스승의 날을 맞아 반성과 촉구

5월 5일은 어린이날로, 5월 8일은 어버이 날로, 전 국민들이 이날을 뜻있게 보내고 있다. 그러나 이에 비해 5월 15일 〈스승의 날〉은 초라하기 그지없다. 이같이 우리의 마음속에는 언제부터인가 스승의 고마움을 잊고 살아도 아무렇지 않는 것처럼 되어버렸다. 참으로 어처구니없고 안타깝기 그지없는 삶이다.

조용히 생각해보면 사람은 누구나 부모 없이 이 세상에 태어난 사람이 없듯이 스승 없이 현재의 자기가 된 사람도 없다. 유치원 교육에서부터 대학교육에 이르기까지 스승의 가르침이 있었기에 슬기롭게 오늘의 험난한 파도를 헤치며 살아갈 수 있었고 앞으로도 그러할 것이다.

그런데도 오늘의 교권은 실추되어 무참히도 짓밟히고 있다. 학부모가 학교에까지 와서 일일이 간섭하고 못마땅하면 폭언을 서슴지 않고, 심지어는 학생들 앞에서 교사의 뺨을 치는 일이 있는가하면 학생들 역시 선생님에게 발길질 하는 사례가 보도를 통해 잘 알고 있다. 그것 뿐 아니다. 들리는 말에 의하면 선생님이 진정 회초리를 들어서라도 가르쳐야겠다고 생각되어 매를 들면 어떤 학생은 "어찌 하려고 그러세요. 돈을 많이 벌었어요? 아니면 옷을 벗고 싶어서 그러세요?" 라고까지 협박하며 반항한다는데 나는 도저히 그 말을 믿고 싶은 생각이 없다. 그러나 사실이라고 하니 이런 교육부재 현상이 또 어디 있을까.

지난 1월 중순경 어느 날, 중등 교장선생님으로부터 내게 〈지도에 불응하는 아이들〉이란 제하의 이메일이 왔다. 그 내용을 요약하면 퇴근하는 길인데 교문에 기대어 서있는 열대여섯 가량 된 소녀 둘이 담배를 피우고 있었다. 가던 길을 멈추고 그들을 물끄러미 바라보았더니 아이들이 하는 말이 '뭘 쳐다보세요? 요즘은 다 이래요. 못 본 척 지나가세요. 하며 꽁초를 땅바닥에 버리고 다시 담배를 꺼내면서 못 마땅하다는 듯이 땅바닥에 침을 탁탁 뱉으며 어서 가세요.' 하지 않는가. 급기야 큰 소리를 치니까 '도대체 누구기에 소리를 치며 우리를 괴롭히는 거요?(중략) 우리에게 창피를 당하지 말고 어서 가라니까요.'하지 않는가.(생략)

그간 내 딴엔 내가 교육 전문가라고 자부도 해왔는데 막상 당하고 보니 저 아이들을 어떻게 지도해야 옳을까. 판단이 서지 않는다하며 좋은 지도 방안이 있으면 알려달라는 것이다.

그도 그럴 것이 사범대학에서 4년간, 대학원에서 2년간 교육학을 전문적으로 배웠고 연구해왔으며 35년간 따뜻한 가슴으로 사랑의 교육을 실천하면서 교육의 일선에서 몸 바쳐 일 해왔건만 이같이 뼈아픈 일을 당했다 한다. 이러한 교육실정이니 무슨 의욕이 있으며 교사의 소명의식이 있겠는가.

그분이 교육에 첫발을 디딜 때부터 몇 년간 나와 같이 근무해왔기 때문에 그분이 얼마나 사랑이 많은 분이며 교육의 열정 역시 탁월한 분인가를 잘 알고 있다. 특히 교장으로 7년간 근무하는 동안 덕으로 모든 일을 다스려 온 터이라, 일시적인 감정이나 즉흥적으로 학생들을 지도하는 분은 더더욱 아님을 잘 알고 있다. 그럼에도 불고하고 이런 고민에 싸여 친한 교육선배에게 해결책을 간구함은 오늘의 교육이 얼마나 어려움을 겪고 있는가를 보여주는 대문이라 하겠다.

교육은 교사의 말을 들음으로 나고 그 말을 존중히 여겨 실천하는 데서 비롯된다. 그러나 가정에서 부모들이 교사를 우습게 여길 때 자식들이 그 말을 듣고 교사를 얼마나 존경하며 그 가르침을 얼마나 실천하겠는가. 너무도 뻔한 것이다.

요즘처럼 교권이 완전 무너진 때는 우리 역사상 처음 있는 일이라고 감히 말할 수 있다. 학생들이 교사를 경찰에 신고하고 경찰은 학생들 보는 앞에서 교사를 연행해 가는 참극이 벌어질 뿐 아니라 사제간의 정으로 이루어진 선물마저 교사들은 뇌물을 탐욕 하는 도독으로 몰아세워 스승의 날마저 폐지시켜버린 웃지 못 할 정책들이 있었는데 이때부터 교육이 왕창 무너지기 시작했다.

일선 교사들이 얼마나 수고하고 있는지 아는가. 수업 시수도 많은데다가 잡무마저 폭주하여 처리하느라 지친 몸인데도 폭발적으로 급증하는 새로운 지식을 학생들에게 잘 가르쳐주기 위하여 집에까지 와서 다음날 수업준비를 밤늦도록 하는 교사들이 얼마나 많은가. 그러한 교사들에게 격려는 못할망정 일부 학부모들은 콩이냐 팥이냐 하며, 교사를 저울질하고 평가하는 경향이 요즘에 와서 무척 늘고 있다고 하니 진정이라면 이들은 지각이 없는 학부모일 것이다.

물론 교사라 해서 신이 아니므로 잘못을 저질을 때도 있고, 도가 지나칠 때도 있음은 사실일 것이다. 그렇다고 전체 교사를 흙탕물로 만든다는 것은 옳지 않을 뿐 아니라 이를 더 깊이 생각해보면 나라를 망치는 일에 앞장서는 일이라 여겨진다. 그렇지 아니한가. 다시는, '나무는 보되 숲을 보지 못하는 처사가' 없어야겠다. 그리고 그러한 정책도 삼가야겠다.

이제라도 무너진 교육을 다시 수축하는 일이 시급하다. 그러므로 우리는 지혜를 모아 지난날의 잘못을 깊이 뉘우치면서 금년 스승의 날을 맞아 첫 번째로 교권을 든든한 기초위에 다시 올려놓을 것을 정책 입안자에게 강력히 제의 한다.

(2007. 4)

독서의 위대한 힘

서쪽 하늘에 진홍빛으로 물들 무렵 말없이 옷깃에 스며드는 가을바람을 안고 길거리를 거닐고 있는 동안 문득 독서의 계절이 또다시 왔구나. 라는 생각을 해보았다. 이런 생각을 하는 동안 '국가 경쟁력은 오직 독서의 힘'으로 이루어지는데 라고 혼자말로 중얼거려 보았다.

과연 그렇지 아니한가. 책을 읽음으로 사고력과 창의력, 그리고 사회적 능력을 키워나감은 물론 국민의 문화수준을 높여 한 나라의 진정한 힘 즉 국가경쟁력을 길러 국력에 이르는 것이다. 그런 데도 우리는 '국력'하면 각종 산업과 공업 등, 과학의 힘이 나라를 부강하게 하고 이에 못지않게 군사력도 절대적인 힘이 된다고 여겨온 것이다. 물론 틀린 말은 결코 아니다. 그러나 독서는 전쟁戰爭터에서 군량미軍糧米와 같고 과학의 힘 즉 각종산업과 공업, 그리고 군사력은 전투력戰鬪力이나 지력智力과 같다고 보아야 옳을 것이다. 아무리 지력이 좋아 그 훌륭한 전투계획을 짜고 사기가 충천한 전투력일지라도 군량미가 없다면 그 전쟁에서 패배의 고배를 마실 것은 너무도 뻔한 일이 아닌가.

신라시대 해상의 거장 장보고는 당나라와 일본을 상대로 교역을 하면서 늘 책을 읽었다는 일화가 있는데 이를 미루어 볼 때 아마도 책에서 얻은 지혜로 탁월하게 해적을 물리치고 해상을 장학하여 무역의 찬란한 금자탐을 세우므로 역사의 한 페이지를 장식할 수 있었지 아니했는가. 그리고 이순신 장군이나 나폴레옹 역시 전쟁 중에서도 수불석권手不釋卷, 쉬지 않고 책을 읽었기에 그 지혜로 빛나는 승전을 거듭한 이야기는 우리에게 너무도 잘 알려진 것이요, 현실적으로도 볼 때 책을 많이 읽는 나라가 국가 경쟁력에서 당연 승자가 되고 강대국이 되었다는 사실은 세계 역사를 통해 증명 되고 있지 않는가.

이같이 사고력 신장을 위해서는 독서만큼 유익한 것이 없다. 그러므로 정부에서는 독서를 적극 권장하고 있고 이에 발맞추어 사회단체에서 독서 지도교사를 배출하기위해 무한히 애를 쓰고 있어 퍽 바람직한 일이라 여겨진다.

그러나 독서교육은 하루아침에 이루어지는 것도 아니며 지도교사 역시 단기 교육을 통해 이루어서도 안 된다. 중국고사에 의하면 독서백편의자현讀書百遍義自見이란 말이 있는데 이는 백번 읽으면 뜻은 저절로 알게 된다는 뜻이다. 다시 그 뜻을 살펴보면 한편의 글 속에는 글쓴이의 삶과 마음과 얼까지 담겨 있기에 그것이 담고 있는 무한한 의미를 헤아릴 줄 알아야 한다는 뜻이다. 그러므로 많은 글을 읽고 그 글의 이면에 흐르고 있는 사상까지 풍부히 가르치고 배워 터득할 수 있는 그러한 독서 교육이야말로 사고력 신장에 크게 도움이 될 것이라 여겨진다.

참으로 독서야말로 인격을 성장시키고 사려 깊은 교양인으로서 높은 품격을 지니게 하는 것이다. 그런데 요즘 인터넷이나 텔레비전으로 인해 독서의 인구가 너무도 크게 감소되어 특단의 조치가 없이는 안 될 위기에 이르렀다고 전 세계 국가들은 걱정하고 있다. 그 예로 현재 '러시아 정부는 TV 끄고 책을 읽자'는 캠페인을 강력히 펴고 있다. 그런 러시아인데도 2005년도 미국의 한 여론조사 통계에 따르면 독서시간이 주당 7, 1시간으로 세계 7위의 선두 그룹에 속하지 않는가. 또 현재 러시아에서 이루어지고 있는 독서 실태를 보면 지하철 승객의 70% 이상이 책이나 잡지, 신문을 본다고 하는데 우리의 상황은 어떠한가. 깊이 각성하지 않으면 안 될 일이다.

인터넷은 광범위한 지식을 얻을 수 있으나 깊이가 없고 시간과 공간의 제약을 받는 반면 서적은 깊이가 있고 전혀 그러한 제약을 받지 않는다는 이점이 있기는 하나 장서藏書 하려면 책 구입비가 많이 들고 장소가 필요하기 때문에 일장일단이 있다. 그렇다고 주도권을 인터넷이나 TV에 빼앗긴다면 그것은 너무도 큰일이다.

나는 요즘 전철 안에서 젊은이들이 책을 읽는 모습을 보곤 한다. 그 수가 많지 않지만 열심히 독서하는 그 모습 속에서 자기 자신을 끊임없이 높은 인품으로 교육해가는 것을 발견하곤 했다. 참으로 대견한 일이다. 자기 자신을 끊임없이 높은 인품으로 연마해가는 자기 교육은 곧 교양인의 자질을 연마하는 길이요, 이 길이 나아가 국력과 직결되는 것임을 생각할 때 한 없이 기쁘다.

이제 우리도 경제적으로는 11위의 강대국 대열에 서 있으니 이젠 정신적으로도 강대국의 대열에 서서 문화국민으로서 면모를 갖추었으면 얼마나 좋겠는가 하는 생각이다. 돈이 많다고 강대국이요 문화국민이 되는 것은 아니다. 돈 많기로 따져 강대국이나 문화국민이 된다면 산유국들이 얼마나 많은 돈을 가지고 있는가.

나는 그간 돈이 많고 학벌이 높고 지위가 대단한 자들과 대화를 나눌 때가 더러 있었다. 그러한 자들과 10분간만 이야기 해보면 그들에게서 곧 저속하고 천박함을 느낄 때가 더러 있었는데 이는 무엇을 말함인가? 그간 독서를 하지 않았음을 단적으로 입증해주고 있는 것이다. 그러니 교양이 있을 수가 없다. 교양은 인간의 품격이요, 문화국민의 척도이다.

특히 독서 하는 젊은이들이 많아져야겠다. 자기 자신을 끊임없이 높은 인품으로 교육해가는 연마의 자세가 이루어져야 한다. 이러한 자들이 우리나라 미래를 열어가는 소영웅들이다. 지금 세계는 급박하리만큼 치열한 두뇌 경쟁의 상황에 휩싸여 있다. 이러한 때 우리는 독서하지 아니하면 교육뿐 아니라 국가경쟁력에서 살아남을 수 없는 상황이다. 이러한 냉전적 상황에서 오직 독서의 위대한 힘으로 이를 극복하여 우리민족의 저력을 전 세계에 과시해 보자.

(2006. 9)

독서는 행복의 근원, 장수의 비결

어느덧 금년도 이제 80여일밖에 남지 않았다. 참으로 이 소중한 기간을 잘 활용해야한다. 그렇지 않으면 귀중한 세월은 덧없이 흘러갈 것이다. 자연의 새날은 저절로 동이 트는 것이다. 놀고 있어도 자고 있어도 저절로 동이 트는 것이다. 그러나 인간이 맞이할 새날은 결코 그렇지 않다. 오직 쟁취해야만 밝아오는 법이다. 이것이 우리가 맞이할 새날이다. 이같이 자연의 새날과 인간의 새날은 염연히 다르다.

그렇다면 인간이 맞이할 새날의 의미는 어디서 오는 것일까. 마음의 고향에서 울어 나온다고 하겠다. 마음의 고향으로 인도하는 것은 과연 무얼까. 오직 독서뿐이라고 생각한다. 돈을 하나의 예로 들어보자. 그간 우리가 그렇게 피땀을 흘려 쌓았던 물질이지만 마음의 양식인 독서 없는 물질은 불화를 일으키고 그것 때문에 끝내 죽이고, 죽기까지 한다. 이것이 어찌 우리가 바라는 새날이겠는가.

최근 뇌세포를 전문으로 한, 한 의사로부터 들은 이야기다.

"독서는 창의력을 길러주기 때문에 만사의 근본이요, 뇌세포 건강에 절대적인 영향을 끼치기 때문에 장수의 비결이다."라고 말했다. 이는 절대적으로 독서를 해야 한다고 강조한 말로 들려 가슴에 새기며 귀담아 들은 적이 있다.

지난 9월 30일자 KBS, TV 오전 10시 '무엇이든지 물어보세요.' 프로에 나온 서울대 의대 서유헌 교수와 백병원 이동우 박사도 똑같은 말을 했다. 창의력은 물론 장수의 비결도 뇌세포 건강에 있다고 했다. 그러므로 독서는 곧 장수의 비결이다. 란 의미이다.

독서는 문자 발명 이래 오늘에 이르기까지 그 중요성과 필요성을 누누이 교육시켜 왔기에 교육을 받은 우리나라 국민이면 누구나 모르는 바가 없을 것이다. 그러기에 매년마다 9월이면 독서의 달을 설정하고 독서 캠페인을 대대적으로 벌이는 것이다.

그런데 지난 9월은 지구 온난화의 여파인지 한반도 기후에도 본격적인 영향을 받아 여름의 날씨가 계속 이어져 책 한 줄 읽기가 어렵더니 이제 10월 중순에 이르러서야 독서의 계절이 시작된 듯 밤 깊도록 책을 읽어도 전혀 무리가 없이 즐겁기만 하다.

혹자는 지식정보화 사회가 등장하므로 독서의 근본의의과 특성이 달라졌다고 말한다. 물론 요즘 독서활동이 지식과 정보를 얻기 위한 방향으로 전환되어가고 있음이 분명하다. 그러나 엄밀히 말하여 그것을 보고 독서의 근본의의과 특성이 달라졌다고 보는 것은 잘못이다. 껍데기를 핥고 알맹이의 맛을 알지 못하는 격일뿐이다.

'독서는 삶을 풍요롭게 하는 마음의 양식이다.' 우리는 독서를 통하여 간접체험을 쌓는다. 직접체험이든 간접 체험이든 체험은 우리에게 풍부하면 풍부할수록 좋다. 살아가면서 부딪히는 수많은 문제에 대한 해답을 주는 것이기 때문이다. 그러므로 책의 내용은 모두 값진 보배다. 독서는 평생토록 우리의 삶의 방향을 올바른 길로 인도하는 스승인 것이다.

그러므로 인류 역사상 위대한 인물들은 독서를 중요시 여겼다. 프랑스 나폴레옹이 전쟁터, 말 위에서 책을 읽었기에 알프스산 중턱에서 전의를 상실한 군대를 다시 일으켜 승전했다는 일화는 너무도 유명하고, 독일 총리인 처칠의 의회연설문이 널리 알려져 있는데 그도 고전독서의 결과였다고 한다. 그리고 전 미국 대통령인 클린턴은 연간 평균 300여권 책을 읽고 있다는 사실이다. 뿐만 아니라 우리나라 인물 중에서도 세종대왕과 정조대왕 또 만해 한용운, 현대인으로서 김대중 전 대통령의 옥중 독서가 유명하다. 이 외에도 얼마든지 있다.

요즘 서점가에 가보면 최근에 발간된 에세이 리더스클럽 선정도서인 '흔들리는 나뭇잎' 강석호 수필집과 팬문학상을 수상한 류인혜의 '아름다운 책' 등 마음의 양식이 될 수많은 책들이 독자를 기다리고 있다. 우리는 이러한 때 풍부한 독서로 아름다운 인생, 행복한 미래를 맘껏 펼쳐나가야겠다. 한 권의 책은 미래를 열어주는 열쇠이기 때문이다.

(2007. 9)

사고력 신장교육의 중요성

2005년도 말 대입 원서접수 사이트가 마비돼 마지막 날까지 대혼란을 빚어 부득이 접수 날을 늦추기까지 그런 참상을 빚은 것은 일부 수험생들이 사이버 테러 때문이었다는 사실이 서울경찰청 수사결과 밝혀졌다. 접수를 먼저 끝낸 수험생들이 경쟁자들의 접수를 막으려고 인터넷에 유포流布된 반복접속 프로그램을 이용해 사이트를 무차별 공격해서 서버컴퓨터를 다운 시켰다는 것이다. 이런 범죄에 가담한 학생이 무려 1천여 명에 이르고 그중 혼자서 2만회로까지 접속한 경우도 있었다고 한다. 그러고도 일부 학생들에게서는 작은 죄의식마저 찾아볼 수 없었다는 것이다. 장난삼아 한일인데 무엇이 문제가 되느냐는 식이다. 이것이 2006년 2월 13일 조선일보 사설에 기재된 내용이다.

우리는 여기서 심각하게 생각해보아야 할 일이 있다. 그것은 장차이 나라를 걸머지고 나가야할 청소년들의 행위라는 데서 큰 충격이 아닐 수 없다. 현재 황우섭 교수의 줄기 세포가 허위라는 사실이 밝혀지자 전 인류에게 낯을 들을 수 없도록 실추된 국민들의 수치심을 느끼고 있는 터인데 거기다 한창 순수해야할 청년들마저 인성이 이토록 망가졌다니 참으로 놀라운 일이요, 참담한 일이 아닐 수 없다.

자신의 이익을 위해서는 남의 인생을 망쳐버려도 된다는 의식이 젊은이들에게까지 누룩처럼 부풀고 있으니 이 나라 이 민족의 장래를 어디로 이끌고 가자는 것인가?

그 원인이 어디 있을까? 여러 면에서 찾아볼 수 있겠지만 그 중 가장 중요한 것은 교육이다. 우리나라는 농경사회에서 산업사회로 접어든 60년대 후반부터 교수법 및 학교 교육 시스템이 종전의 〈인간 품성교육〉에서 〈교육의 기계화〉로 바꾸었다. 인간의 인격보다는 인간의 규격품적 양산의 교육으로 전환된 셈이다.

다시 말하여 학교도 가정도 자녀교육을 도덕심 앙양에 두지 아니하고 치열한 경쟁에서 살아남는 데 필요한 수단과 방법을 총동원하여 어떻게든지 승리로 이끌어야 된다는 힘의 논리만을 주입시켜주는 지식교육으로 힘써왔다. 이로 인하여 인간자체가 아름다운 품격과 언행과 몸가짐을 갖추기 보다는 만인에 대한 투쟁의 관계에서 치열한 경쟁의식으로 살아남기 위한 실리위주의 교육으로 치달은 결과라 여겨진다.

그렇다고 지금에 와서 만연된 사회구조를 탓하며, 한탄만 하고 있을 때는 아니다. 대안 없이 그들을 나무라고 꼬집기만 한다면 이는 백년하청(百年河淸)이 될 것이 아닌가. 빗나간 젊은이들의 사고방식을 어떻게 바로잡아 이끌어 가느냐가 우리의 의무요, 우리가 해야 할 일이 아닌가.

의식을 바꾸어가는 일은 하루아침에 이루어지는 것은 아니다. 성급한 일이라 해서 다급하게 처방을 내놓는 다면 이는 졸속한 방법으로서 실효를 거두지 못하고 시행착오를 거듭하여 더욱 혼란으로 이끌어갈 위험성이 높았음을 우리가 그간 많은 일에서 보아온 터이다.

다행이도 현재 주입 교육에서 사고신장 교육으로 전환해 가고 있는 모습을 본다. 그것이 각 대학에서 실시하는 대입논술고사인데, 그 비중이 요즘 점차 높아짐에 따라 초등학생부터 그러한 교육을 받아야만 한다는 여론이 확산되고 있어 참으로 기대해볼만한 새싹이 아닐 수 없다.

파스칼의 말을 인용치 않더라도 인간을 인간되게 하는 일은 무엇보다 사고력 신장에 있고 본다. 또 그 좋은 사고를 얼마나 그리고 어떻게 실행에 옮겨 성숙한 사회로 이룩하느냐가 그 과제다.

사고력을 신장시키기 위한 교육이 절실히 요청되고 있는 현실이다. 그러기에 이에 맞추어 현재 고등학교 국어교과에 선택교과로 독서과목이 들어 있다. 고등학교뿐만 아니라 초등학교 교과과정에도 선택과목이 아니라 필수과목으로 넣어 인격과 비전과 실력을 갖춘 인재를 양성해서 세상의 흐름을 바꾸어 놓아야 한다.

이에 교육입안자들의 부단한 노력이 절실히 요청된다.

(2006. 2)

제4부
아름다운 삶을 위하여

최고의 미는 그윽한 정신적 세계에 있다

모든 생물의 아름다움은 태어날 때부터 주어진 것이다. 그러나 사람만은 다르다. 각박한 현실 속에서 살아남기 위해서 모진 삶을 살다 보니 자연히 자연의 이치에서 멀어진 사리사욕 때문에 인간만은 별개의 존재가 되어버린 듯하다.

다른 동식물들에 비해 인간은 동적動的인 미美를 지니고 있다. 아무리 어릴 때 잘 생긴 아름다운 얼굴이라 하더라도 오래토록 살아오는 동안에 그 삶의 질에 따라 확연히 달라진다. 오래도록 악하게 생활을 했었다면 자연히 악한 자의 얼굴로 변할 뿐이지 성직자나 학자처럼 선한 얼굴이 되지 못된다.

이같이 동적인 미를 지닌 인간이기에 우리는 모름지기 교양 있는 자세로 일관해야 한다. 교양 없는 천박한 마음속에는 진정 아름다움이 피어오르지 못한다. 아무리 꾸미고 가꾼다 할지라도 진정한 멋과 삶의 맛은 돋아나거나 피어날 수가 없는 것이다.

교양이라고 말하면 흔히들 학벌이 있고 높은 지위에 있으며 미술이나 음악을 제대로 감상 할 줄 안는 융통성을 어렴풋이나마 상상하기 쉽다. 그러나 그것들은 교양을 북돋는 소재에 불가할 뿐이지 진정 교양은 아니다. 교양이라고 하면 자기 자신을 끊임없이 높은 인품으로 교육해가는 일이다. 아무리 높은 지위에 있거나 학식이 많고 풍부한 물질로 여유로운 생활을 즐긴다 할지라도 그들과 단 10분간만 이야기하면 곧 무교양이 드러난다.

예로부터 우리 선인들은 교양이 피어오르는 그윽한 마음씨를 보고 '예쁘다'라고 했다. '예쁘다'의 어원은 중세국어에서 '어엿브다'이다. '어엿브다'를 현대어를 풀이하면 '불쌍하다. 혹은 가련하다'로 해석된다. 그렇다면 어찌해서 불쌍하다 가련하다는 말이 오늘의 '예쁘다'란 말로 어의語義가 전성되었을까? 그 해답을 얻기 위해서 잠시 『춘양전』을 그 예화로 살펴보기로 한다.

춘향이가 변사또에게 수청을 들지 않는다하여 형틀에 묶여 모진 매를 맞을 때의 일이다. 너무도 아픔을 참다못해 춘향이는 아! ~ 하고 비명을 지르자 이 소리에 몰려온 주위 사람들은 그 처절한 정경에 눈물을 흘리며 목메인 목소리로 〈어엿브다. 어엿브다.〉했다. 만일 행동이 부실하여 매를 맞는다면, 어찌 그러했겠는가. 입에 욕설까지 해가며 잘 맞는다. 더 좀 맞았으면 좋겠다. 등 빈정대는 말을 하지라도 어찌하여 모두들 흐르는 눈물을 닦으며 이런 말을 했을까?

춘향이의 마음속에는 일부종사一夫從事의 고운 심성, 숭고한 심성이 흐르고 있다. 이같이 그윽한 정신적 세계가 자연스럽게 겉으로 들어난 그 얼굴을 가리켜 우리 조상들은 '예쁘다'라고 했다. 그러던 것이 후대로 내려오면서부터 어의語義가 확대되어 잘 생긴 얼굴까지 '예쁘다'라고 했다. 지금도 우리들이 무의식중에 쓰는 말들이지만 그 뜻을 살려 쓰는 말이 있다. 조용히 생각해보라. 타산적인 심리가 전혀 없는 순수한 어린애나 어린이에게는 〈예쁘다.〉라고 하지만 세파에 찌든 어른들에게는 〈곱다.〉라고 할지언정 〈예쁘다.〉란 말은 쓰지 않는다. 이유는 이러한 연유에서 비롯된 언어 습관이 아닌가 여겨진다.

오늘날에도 〈얼굴만 예쁘다고 여자냐? 마음씨 고와야 여자지〉란 말이 있다. 이는 인생의 최고의 미美는 오직 교양의 향기, 즉 그윽한 정신적 향기에서 비롯된 것임을 묵시적으로 표현해주는 말이라고 하겠다.

(2010. 4)

'아름다운 의상문화'여야 한다

요즘 신조어라 불리는 노출패션이란 단어가 자주 입에 오르내린다. 그만큼 노출이 심하다는 이야기다. 여성들은 한 겨울에도 노출이 심한 옷을 입어야 멋이 있어 보인다 하고, 남성들은 찌는 듯한 한 여름 무더위에서도 긴팔 와이셔츠에 넥타이까지 한 정장차림을 해야만 정중한 자리에 참석할 의상이라고 하니 과연 여성들의 의상인 노출패션이란 말이 우리 귀에 익숙해지는 것도 어찌 보면 당연한 의식인지도 모른다.

그러나 의상은 그 사람의 품위를 드러내는 것이어서 자기와 가장 어울리는 것을 가려내어 입어야 한다. 그렇지 아니하고 남들이 입는다하여 스스로 주견도 없이 따라 피동적으로 행한다면 이는 생각해 볼 필요도 없이 자기 자신을 욕되게 하거나 천박하게 하는 것이다.

작년 여름일이다. 내가 볼일이 있어 정류장에서 버스를 기다리고 있는 중인데 40대 후반으로 보이는 한 가정주부가 누더기가 된 청바지를 입고 그도 어디를 가려는지 내 옆에 서 있었다. 그의 남편이 그곳을 지나다가 자기 아내의 옷차림을 보고 굳은 표정으로 또 이것을 입었네. 당장 옷을 가려 입고 와요. 하지 않는가. 그런데도 그녀는 자기 남편의 말에 못마땅한 표정으로 이것도 다 개성이요. 내 개성을 당신이 이렇게 짓밟아도 되느냐고 항의조로 묻는 것이다. 이 말을 들은 남편은 길거리에서 다툴 수 도 없다는 듯 불쾌한 표정을 지으며 어디론가 종종 발걸음으로 가버렸다.

이 여인의 옷차림은 미니스커트 보다 더할 정도로 허벅지 윗부분인 뽀얀 속살이 바지의 터진 틈사이로 언 듯 언 듯 보이는데 남자들의 시선을 뿌리치지 못할 것만 같았다. 그러한 의상을 왜 나들이 복으로 꼭 입어야 하는 것인지? 그리고 50대 가까운 여성이 자기와 어울린 옷이라고 생각해서 개성이란 단어를 쓰고 있는지는 나로선 이해하기가 어렵다. 혹시 나의 노파심이었으면 좋겠다.

이 여인은 개성個性을 어떻게 알고 있는지 모르겠다. 물론 국어사전에 의하면 '다른 개체와 구별되는 그 개체의 특성 전체'라고 기록되어 있다. 그러나 우리가 살아가고 있는 곳은 염연한 사회다. 사회문화와 매스커뮤니케이션 영향에 따른 개성이어야 한다. 다시 말하여 인간의 집단관계 안에서 참으로 독특한 아름다움이라고 여겨지는 그러한 개성을 '개성심리' 또는 '개성교육'을 통하여, 우리사회를 발전시켜 나가는 것이다.

요즘 세계화를 잘못 인식하는 자들이 더러 있는 것 같다. 우리민족의 전통적 개성과 보수적 전통을 헌신짝처럼 팽개쳐 버리는 것이 세계화의 지름길인양 착각한다면 큰일이다. 전 일류가 아무리 하나가 되고 싶어 한다 해도 흑인이 백인이 될 수 없고 이 민족이 저 민족이 될 수 없다. 그 민족은 그 민족이다. 이렇게 민족을 말하다보니 세계화로 나가는 이 시점에서 웬 민족이냐 라고 오인할 줄 모르나 각기 다르다는 의미다.

그러나 기쁘고, 슬프고, 즐겁고, 서러운 감정 등은 인종과 민족 차이 없이 전 인류가 하나의 공통점으로 이루어진다. 이같이 하나로 이루어져야할 부분이 있고 개성을 존중되어야할 부분이 있다. 우리는 이러한 의미에서 세계화를 이해하고 추진해야 좋을 성싶다.

많은 사람들이 자기의 개성을 존중해달라고 하듯 개성이 뚜렷한 나라, 고유의 전통을 존중하는 나라, 그러면서도 밖으로부터 새것을 받아들이는 그러한 국민이 진정 존경받는 국민이 아닐까? 역사가 있는 곳에 전통이 있고 그 전통의 뿌리 깊은 곳에서 보수가 숨 쉬고 있는 것이며, 이 보수위에 새로운 것을 건설해 나갈 때 거기에 조화가 있고 새 역사가 빛나게 되는 것이다.

사람은 사람대접을 받아야 살맛이 난다. 그래야 아름다움이 있고 재미도 있으며 발전도 향상도 있다. 남의 흉내만 잘 내며 사는 사람은 그 삶이 고달픈 생활일 수밖에 없고 허수아비와 같은 인생이 되고 만다. 이러한 사고방식으로는 세계화란 요란할 소음일 뿐 이를 달리 표현할 수 없다.

우리는 저력을 지닌 국민이요, 세계를 리더 할 수 있는 우수한 민족이다. 세계 어느 나라 어느 민족이 기아에서 허덕이다가 불과 50여년의 짧은 기간에 경제 대국을 이룩했으며 선진과학 등 여러 분야에서 세계를 제패한 일이 있었던가. 이는 결코 우리밖에 없다. 이것만으로도 뛰어난 민족임을 입증해주고 있는 것이다.

그러므로 우리는 스스로 옳다고 느껴질 뿐 아니라 누구나 옳다고 느껴지는 신념, 이것을 위하여 생활 한다면 우리의 삶은 참으로 밝고 알찬 내일을 맞이할 수 있지 않을까? 그러한 의미라면 노출패션도 좋다. 독특한 개성을 살리기 위한 일이라면 무엇을 주저 하겠는가. 더욱 권장할 일이 아닌가?

자연에서 보듯 꽃들은 봄, 여름, 가을, 겨울 할 것 없이 피어나는데 장소 역시 귀천을 가리지 아니하며 색깔도, 크기도 제각기 다르다. 어느 꽃이 좋아 보인다고 해서 모두 그것을 닮아 피는 꽃은 없다. 이것이 꽃의 개성이다. 그러기에 어느 꽃을 보아도 어느 곳에서든 그것은 한결 같이 인간의 마음을 기쁘게 한다. 그러기에 누구에게나 사랑을 받지 아니한가.

인간은 끊임없이 아름다움을 추구하기 위하여 의상문화가 발전해왔다. 그러므로 우리는 무조건 유행심리에 따르지 말고 각기 자기의 품격에 맞는 의상을 취하여 품위 있게 몸단장하는 것이 진정 아름다운을 추구하는 의상문화요, 인간문화의 향기가 될 것이다.

(2007. 11)

우리의 의식 이대로가 좋은가

어느 시대 어느 사회를 막론하고 물질이 풍부하면 풍부할수록 인간의 의식은 즐거움과 쾌락을 추구하기 마련이다. 이러한 의식은 인간의 삶을 충족시켜주는 것이라서 얼마나 생동감을 유발시켜주며 의욕과 활력을 심어주는 일인가. 그런데도 한편으로는 심히 우려되는 바 없지 않다. 그것은 쾌락이 자극적인 심리를 부추기고 자극은 쾌락적인 심리를 추종하고 있기 때문이다. 이러한 현상이 심하면 심할수록 우리의 삶은 점차 전락해가고 마침내는 패가망신이 되어 멸망의 비운을 맛보게 된다는 사실을 우리는 인류역사를 통해 잘 알고 있다.

쾌락은 자극을 부른다. 자극적인 심리는 더 진한 충격적인 자극을 부른다. 이는 쾌락을 만족시키기 위해서인 것이다. 그래서인지 우리의 의식은 나날이 심한 자극에 감전되어 이끌려가고 있는 실정임을 부인할 수 없다.

대중매체인 영화를 보라. 어떠한가.

얼마 전부터 상영되고 있는 영화를 보면 예전에 느낄 수 없었던 무시무시한 괴물이 등장하거나 괴상한 일들이 벌어져 관객들로 하여금 등골을 오싹하게 한다. 이렇게 소름이 끼칠 정도라야 흥행성이 높다. 천만 관중을 돌파한 영화들은 대개 그런 것들이다. 그것을 관람한 뒷날에도 계속 꿈속에서까지 그런 장면들이 재현되는데 이같이 불안과 공포심을 떨쳐버릴 수 없는 영화라야 흥미롭다고 말을 하고 있다.

또 지난날에는 영화에서만 볼 수 있었던 총기 난사가 현실화 되어 세계 곳곳에서는 인명을 마치 파리 목숨처럼 살상시키고 있다. 이같이 엄청난 사건인 데도 수사 결과를 보면 하찮은 자극심리가 동기가 되었다는 보도이다. 이러한 의식이 유괴 살인범으로 이어짐에 따라 어린이, 어른 할 것 없이 불안에 떨고 있다. 이로 인하여 불신의 골은 더욱 깊어가 훈훈한 인간의 정情 즉 사랑마저 실종 위기에 처해 있는 것이 오늘날 우리의 현실이 아닌가.

이것뿐이 아니다. 빈번히 일어나는 자살 소동은 어떠한가. 이들은 뚜렷한 이유도 명분도 없이 살기 싫다는 이유만으로 단 하나밖에 없는 자기 목숨을 버린다. 왜 이럴까. 이들의 죽음은 쾌락적 자극과 무관한 것인가. 또 최근에는 인터넷 깨임까지 자극적이다.

인간은 부르면 대답하는 존재다. 이같이 시각적인 자극에 감전되면 우리의 정신이 혼미해지기 마련이다. 이성적 판단이 우리의 감정을 제어 시킨다할지라도 시각이 월등히 우리의 마음을 자극시키는 것이다. 이렇게 될 때 우리의 정신문화는 어떻게 될까. 모래 위에 누각을 짓는 격이 아닐까.

이익사회를 원리로 한 우리의 현실은 또 어떠한가.

또 이익사회를 원리로 하고 있는 우리의 현실은 어떠한가. 이 시대의 우리의 철학자 安秉煜 교수는 다음과 같은 말로서 이점을 지적하고 있다. 현대를 한마디로 말하여 "저마다 자기의 이기적 욕망의 충족과 사회적 성공과 출세를 위해서 경쟁의 관계에 서게 된다. 네가 성공하느냐 내가 성공하느냐. 네가 이기느냐. 내가 이기느냐. 하는 숨막힌 대립의 자리는 이기적인 욕망과 이기적 욕망끼리, 냉정한 계산과 냉정한 계산끼리 대하는 것이다. 이것은 인간과 인간과의 관계가 아니고 물질과 물질과의 관계다."라고 했다.

이러한 의식이 우리의 현실을 지배하고 있다. 심지어는 혈육으로 이루어진 부모 형제까지도 물질관계로 인하여 삭막하다 못해 끔직한 현상까지 이루어지고 있는 실정이다. 이같이 무서운 세상을 시대적 의식이라 어찌할 수 없다고 넘겨서는 안 된다. 우리가 불행해지고 우리 후손이 불행하지기 때문이다.

그렇다면 무엇이 문제인가. 무엇이 이같이 무서운 세상을 만들었는가. 그 가장 큰 원인은 교육이 무너진 결과라고 본다. 그 까닭은 우리의 의식은 교육에서 비롯되기 때문이다.

우리는 해방이후 반세기가 넘도록 오 · 엑스 문제나 4지 혹은 5지 선답형의 지식위주의 교육으로만 일관해 왔기에 이에 능숙하다. 그 결과 50년의 짧은 시간 내에 외국의 원조에만 의존해 왔던 우리나라가 세계 12권의 경제대국을 이루었다. 참으로 놀라운 일이다. 이같이 풍부한 물질을 향유하다보니 정신교육은 자연이 귀찮은 존재가 되어 버렸다. 이런 관계로 이성理性을 기르지 못했고 그럼에 따라 사색思索도 없었고 사명의식과 신념을 기르지 못했다. 이러한 교육이 계속되는 가운데 우리의 의식은 삭막해져가기 시작하여 오늘에 이른 것이다.

교육정책 입안자에게 부탁 한다

우리는 이러한 현실을 보면서 위기감을 느낀다. 그러기에 교육 입안자들에게 부탁하고 싶다. 〈정신적인 인간육성의 교육이 시급히 계발하여 새롭게 시행 할 수 있도록 정책을 수립해 달라.〉는 말이다. 이래야만 무너진 교육을 다시 일으킬 수 있고, 잃었던 과거의 높은 우리의 정신문화를 되찾을 수 있으며 풍요로운 미래를 이룩할 수 있다. 이럴 때 우리는 존경받는 국민, 세계를 리더해가는 위대한 국민이 되는 길이다.

(2008. 11)

삶의 철학이 필요한 사회

지금 우리의 사회는 전반적으로 비정상적이며 오염기류에 덮여 있다고 말한다면 과언이라고 말할 자가 있을까? 많은 사람들은 이러한 사회의 기류 속에서는 생활을 정상적으로 영위할 수 없으며 비정상적인 오염 분위기에 합류, 동조하는 것만이 유일한 생활 방도라고 주저 없이 이론을 전개한 자들이 상당수에 이른다. 그들의 이론을 들어보면 어느 의미에서는 조금도 틀린 바가 없다.

오늘 우리의 현실에서 전개되는 상황을 조용히 살펴보자. 재계財界와 정계政界에서 뿐 아니라 학원學園이나 교계敎界에서까지도 그럴 수밖에 없는 현실이라는 의미에서 그대로 통과시키는 일이 얼마나 많은가. 그와 반면에 인고忍苦를 각오하고 정도를 지키려는 사람은 오히려 융통성이 없는 고지식한 자라고 제외되는 일들이 또한 얼마나 많은가.

우리 주위에서도 일어나는 일상의 일 중에 그 예를 하나 들어본다면 최근 어느 아파트 입구에 설치한 차단기 앞에서 대낮에 일어난 35세 가량의 애송이 젊은이와 70에 가까운 할아버지와의 심한 말다툼으로 한바트면 큰일이 벌어질 번한 일이 있었다.

사건의 발단은 대략 이러하다. 그 아파트 근처에 일 보려고 온 사람들이 그 단지 내에 자주 주차해 둠으로써 주민들의 불편은 컸다. 그러기에 이를 방지하기 위해 그 입구에 차단기를 설치했는데 이런 관계로 이곳 아파트 주민일지라도 차단기 옆에 설치된 센서에 카드를 대어야만 차단기가 올라가 통가할 수 있게 되었다.

그곳 주민인 운전자가 두세 번 팔을 쭉 펴 카드를 센서기 쪽으로 내밀었으나 작동거리가 미치지 않아 애태우는 모습을 본 70세가량의 노인 한분이 그 길을 지나다 그 애타는 모습을 보고 얼른 가서 운전자에게 카드를 달라했을 때 카드를 주며 개새끼들 이런 차단기를 떼어버려, 라는 등 입에 담지 못할 욕설을 서슴지 않았으나 이 노인은 그에게 카드를 받아 차단기를 올려놓고는 무슨 말이요? 하니까 "당신 경비원 아니야? 씨" 하는 말에는 더 이상 그 노인도 참지 못했던지 운전자에게 카드를 휙 던졌다. 그 때다. 운전자 애송이 젊은이가 차문을 박차듯 열고 나와 그 할아버지에게 "기분 나쁘게 왜 카드를 던져, 이 세끼야."하며 고함을 지르자 할아버지는 너무 어이가 없다는 듯이 서 있다가 하는 말이 너를 도와 주려고 한 나에게 웬 행패야. 너는 아버지도 없느냐는 등 서로 고함을 지르는 참에 주위 사람들이 나와 싸움을 간신히 말리는 바람에 살인적인 젊은이의 주먹질과 발길질은 피했고 싸움이 마무리 되었다.

참으로 어처구니없는 일이라고 씁쓰름한 표정을 지은 노인은 끝내 참으려던 말문이 열어 주위 사람들에게 "대단히 부끄럽습니다. 그 사람을 도와준다는 것이 이같이 망신을 당했습니다. 잠시 소란을 피워 미안합니다." 도리어 주위사람들에게 인사까지 하며 떠났다.

이러한 일들을 볼 때 옛 사람들은 오욕질정汚辱叱正이라 하여 더럽히고 욕된 것을 꾸짖어 바로 잡았으나 요즘은 더럽고 욕된 것 즉 오욕汚辱을 보면 그대로 피해갈 뿐 꾸짖어 바로잡는 질정叱正의 정신이 없다고 한탄하기도 한다. 요즘 하도 험난한 시대라 남의 싸움에 참견했다가 해를 입거나 봉변을 당하는 일들이 많기 때문이다. 그러기에 이에 관련된 경비원들만이 이 싸움을 말리지 않았던가. 만일 그분들마저 없었다면 살인적인 주먹과 발길질이 큰 사고로 번질 번했다.

이 싸움보다 더 큰일은 많은 어린이들이 조금 떨어진 주위에서 구경하고 있었다는 것이다. 이성이 발달하지 못한 어린이들은 보고 느낀 대로 행할 것이니 이 모든 상황과 행동을 어린이들은 어떻게 보고 무얼 생각했을 것인지? 그러기에 오늘의 청소년소녀들의 성격이 날로 포악해지고 있지 않느냐? 하는 생각까지 든다.

그날에 보여주었던 운전자와 같은 사고방식을 그대로 시인하거나 방치할 수는 결코 없다. 그것은 국가와 사회를 붕괴일로崩壞一路로 몰아넣는 길이기 때문이다. 그렇다고 한 순간에 소수 사람이 사회 전반을 개혁한다는 것도 도저히 불가능한 일이다. 그러기에 중국 초사楚辭란 책에서 어부漁夫의 말이 생각난다. "천하가 모두 탁濁한데 나 혼자 맑을 수 있으며, 천하가 다 취醉했는데 나 혼자 깨어 있으면 무엇하나?"과연 옳은 말이다. 극소수의 정직자가 사회에 미치는 영향은

거의 전무하기 때문이다.

그러나 씨를 풀이지 않는 밭에서 생산을 기대할 수 없고, 가꾸지 않는 곳에서 30배 60배 100배의 결실을 수확할 수 없듯이 우리가 올바로 살아갈 수 있는 선善을 심고 가꾸지 않고는 한 악惡을 몰아낼 수가 없다.

물론 '악惡이 완강頑强한 대신에 선善이 약弱하지만 물러서지 않고 끝까지 소신대로 밀고 나아가면 결코 승리하게 된다는 사실이 인류 역사에서 증명해주고 있으니 간디의 무저항주의가 바로 그런 것이 아닌가. 또한 강대국들의 역사를 살펴보면 모두 그러했고 이념의 대립에서도 공산주의가 붕괴된 것 역시 그런 면에서 생각해볼 수 있지 않는가.

비록 야유와 비방이 어느 정도 있을지라도 자기가 옳다고 느껴지고 남들도 옳다고 여기는 확고한 사상이 자기철학自己哲學으로 이루어져 일상생활로 계속 나타날 때 비정상의 혼탁한 현실이 우리사회에서 점차 살아지고 밝은 미래가 전개될 것이다.

(2007, 7)

긍지의 횃불을 높이 들며

- 창간 11주년을 맞은 부천자치신문의 다짐 -

부천자치신문은 5일자로 창간 11주년을 맞았다. 그동안 본지가 걸어온 길은 부천의 발자취를 낱낱이 기사화 해 놓은 일에 충실했다. 그러므로 이 지방의 귀중한 역사자료를 담아 놓은 구실을 해왔기에 부천자치신문은 부천시민의 신문이다. 어찌 보면 신문사는 사장의 것이요, 피땀으로 가꾸어 제작한 기자들의 것이라고 말할지 모르나 대승적 차원에서 볼 때 엄연히 부천시민의 신문인 것이다.

왜 부천자치신문이 시민의 신문이라고 힘주어 두 차례나 강조한 이유가 무얼까? 신문 제작진들이든 부천을 이끌어가는 분들이든 간에 한 시대가 지나면 세월과 함께 역사의 뒤안길로 사라지지만 부천자치신문은 그때그때 일어남 모든 일들을 인쇄 화 해놓았기에 부천시가 존재하는 한 부천시민과 함께 영원히 존재하므로 부천자치신문은 부천시민의 신문이라고 감히 말할 수 있는 것이다.

십일 년 전의 부천 역사를 회고 하며

11년 전 본지 창간 축사에 초대민선 이해선 시장이 부천시가 전국 8대 도시로 비약적인 발전을 하고 있다며, 수도권 서부지역 중심도시로 위상을 확고히 다지겠다는 결의가 서려 있었다. 그리고 350여 세대, 1천여 명이 살고 있는 부평의 오지 대장동에 병원은 물론 시장, 약국, 목욕탕, 이발소, 정육점 등이 없어 불편을 느끼고 있는데다 겹치기로 개발구역으로 묶여 증, 개축도 못해 70년대 시골마을을 연상케 하는 안타까운 현실 이라는 보도내용이다. 또 부천지역에도 꿈의 채널인 케이블 TV 시청 가능성이 목전에 다달았다는 기가도 보인다. 이 기사에는 사업권을 따내기 위한 업체들의 활발한 움직임이 사진과 함께 자세히 보도 되었다. 한편 교통도 아주 불편하여 서울 출근길이 2~3시간여에 걸렸다는 보도였다.

지금보다 100배는 더 멋진 세상이 열린다는 반도체 산업 멀티미디어의 삼성전자 전면 광고가 마지막 지면을 장식, 당시 삼성회사가 부천을 대표하는 기업이었음을 쉽게 알 수 있었다. 이외에도 기억해야할 기사가 많이 있지만 지면 관계로 약하게 되니 너무 아쉽다.

주어진 사명을 다할 터

사마천司馬遷의 사기史記에 주나라 여왕厲王에 대한 이야기가 나온다. 이 여왕은 폭정을 심히도 즐겨하자 백성들의 불평불만의 소리는 날로 높아 갔다. 왕은 백성들의 여론을 무시한 채 엄벌이 다스렸다.

백성들은 마음속에 불평이 가득하지만 때를 기다리느라 아무 말을 못하게 되었다.

기분이 좋은 왕은 신하인 소공에게 이렇게 말했다.

"보라. 강압 정책을 쓰니 백성들이 이렇게 불평을 못하지 않는가."

소공이 이렇게 대답했다.

"그것을 입을 막아버린 까닭입니다. 백성들의 입을 막는 것은 흐르는 강을 막는 것보다 더 위험한 일입니다. 물이 둑을 무너뜨리는 날에는 막을 수 없는 엄청난 일이 벌어집니다. 그러니 강물이 자연스럽게 흐르도록 물길을 정리하여야합니다. 이 말을 들은 여왕은 크게 깨닫고 이제부터 개방정책을 사용한다고 선포해 놓고 또다시 밀실 정치를 했다. 얼마가지 못하여 수군거림이 있었고 불신과 의혹에서 벗어나지 못했다한다. 이럴 때 국력이 그만큼 막혀있는 거나 다름이 없다.

여기서 물코를 튼 자는 소공이다 즉 현대의 언론이다. 부천자치신문은 어떠한 경우일지라도 물코를 트는 일에 최선을 다하겠다. 다시 말하여 언론의 사명을 다하는 부천지치신문으로서 시민들이 알 권리와 보도기관으로서 알릴 의무를 제대로 이행하도록 주어진 사명을 다 하겠다.

시민의 신문이니 더욱 사랑해 주어야

끝으로 부천자치신문은 부천시민의 신문이니 시민들이 더욱 사랑하고 아껴주어야만 한다. 그럴 때 더욱 힘이 있고 용기가 나서 언론의 사명을 다하며, 긍지와 보람을 느낄 것이다.

(2006. 10)

신종플루 공포감에서 빨리 해방되어야

신종플루에 대한 공포감이 나날이 확산되고 있어 심히 우려된다. 요즘 조석으로 기온차가 심해진데다가 추석을 앞에 두고 있으니 더욱 그러하다. 특히 감염되기 쉬운 노약자나 항체가 거의 없는 자들, 그리고 학생, 군인과 같이 집단생활을 할 수밖에 없는 자들이 불안에 떨고 있다. 어서 속히 신종플루 백신이 나와 예방접종이 되기를 애타게 기다리고 있다.

이에 정부는 당초 계획한 백신과 치료제 확보에 차질이 없도록 만전을 기하고 있고 '질병관리본부'는 신종플루 예방, 치료 시스템을 풀가동하고 있으며 부천시 질병관리팀에서도 집단은 물론 개개인의 건강에 역점을 두어 방역에 최대 노력하고 있다.

부천시에는 현재 '신종플루 거점의료기관'인 8개 병원과 16개 약국이 있는데 이곳에서 치료에 온 힘을 쏟고 있다. 그런데도 새 학기를 맞아 각 학교가 개학으로 인해 감염자 수가 늘어난 관계로 '경계단계'

조치에 들어갔는데 24일 현재 환자 수가 1만 명을 훨씬 넘었다고 언론사들은 보도하고 있다. 이같이 나날이 확산되어가는 이 시점에서 가장 염려스러운 것은 민족의 대이동이라 불리는 추석을 앞두고 있기에 우리를 더욱 긴장케 하고 있는 실정이다.

그렇다고 하여 지나친 과잉 반응을 일으켜 심리적으로 위축을 받으면 그만큼 우리의 몸은 병균에 노출되어 있는 셈이 아닌가. 건강한 심리는 건강한 육체를 낳는다는 말이 있다. 그리고 조선시대 명의인 허준도 인술仁術이 의술醫術보다 낫다고 했다. 여기서 말하는 인술은 두 가지 의미가 있는데 그 중 하나인 '자기 심리 치료요법'을 말하고 싶다. '나는 이 병원균을 능히 물리칠 수 있다'는 심리가 작용할 때 치료 효과는 극대화 된다는 이론이다.

지난 14일 이 대통령은 수석비서관 회의에서 신종플루에 대하여 문제점을 지적했다.

"경계심을 가지지 않는 것은 분명히 문제이지만 지나친 경계심으로 공포감이 조장되는 것도 심각한 문제"라고 밝혔다. 또 "한편에선 예방활동을 벌이면서 다른 한쪽에서는 차분 하게 일상의 일을 하는 것이 중요하다."고 말해 신종플루 확산에 대한 지나친 우려로 일부 지자체 행사가 일방적으로 취소된 것을 꼬집었다.

또 "어떤 이유로든 감염으로 인한 임명 피해는 한없이 안타까운 일이지만 이른 바 고위험군 환자들이 아닌 경우 빠르게 회복 되고 있다."며 "우리나라 감염률은 심각하게 걱정할 단계가 아니라는 점을 언론에 잘 알리고 협조를 요청하라."고 참모들에게 주문했다.

실인즉 이달 24일 현재 신종플루 환자가 1만 명을 훨씬 넘어섰지만 사망자 수는 11명으로 대부분 노약자와 합병증에 의한 허약자들이 사망한 것이다. 이를 볼 때 대부분의 감염자들이 치료를 받아 낫고 있다는 사실이다. 그렇다고 경계심 없이 생활하라는 말은 결코 아니다. 단, 지나친 우려로 일상생활을 저해 받아서는 안 된다는 말이다.

부천 고당고등학교의 경우 수업이 중단(휴교)되지 않도록 함은 물론 고3 진학에 차질이 없도록 하기 위해 철저히 예방 하고 있다고 한천희 교장은 고뇌에 찬 심경을 말했다. 전교생 1,500여명 전원이 등교 시에 중앙현관을 통하여 각자 자기 교실로 입실도록 하였고 그곳에 준비된 여러 개의 체온계와 손세정제로 철저히 예방하게 했는데 이를 현재 진행 중이라고 했다. 특히 자신이 걸리면 급우들을 위해서라도 현명한 판단으로 등교하지 말아 줄 것을 당부하는 한편 집에 가서도 손을 깨끗이 씻는 등 예방교육에 만전을 기했다 한다.

정부는 국민을 안심시키는 일이 급선무다. 그래야만 경제활동이 잘 이루어진다. 생산 활동도, 소비 활동도 잘 이루어져 원활하게 우리의 삶이 진행되는 것이다. 지난 1997년 외환위기 때와 같은 충격으로 모두 공황심리에 젖 듯 이번 신종플루도 불안한 심리에서 아직 닥치지 아니한 최종단계인 심각단계의 파장까지 예상하여 우려하는 자도 있다. 이러한 심리를 잠재워야 한다.

정부는 어떠한 사태도 능히 대응할 수 있는 의약품을 충분히 확보하여야 한다. 그렇지 못했을 경우 의약품 밀거래가 되지 않을까 염려되므로 이의 법질서를 강화해야 할 것이다. 또 다른 악종 바이러스가 출현할 것을 대비하여 신약 개발에 힘써야 한다.

(2009. 9)

추석명절의 유래와 가치

추석은 우리민족의 가장 큰 명절이다. 추석을 '한가위' 혹은 '중추가절' 또는 가배라고도 부른다. 가을이 풍성한 계절이듯 우리민족의 풍부한 인심이 잘 드러난 명절이 곧 추석이다.

봄부터 오곡백과의 씨를 뿌리고 땀으로 가꾸어 가을에 한해의 결실을 기쁨으로 수확을 한다. 그 첫 열매로 온갖 정성을 드려 음식을 장만하여 조상을 추모하는 마음으로 제사를 지낸다. 그리고 그 음식으로 친척과 이웃이 모여 정답게 나누어 먹는다. 이러한 아름다운 마음씨가 이 땅을 풍요롭게 하는 원동력이 되었고, 공동체의 문화로 자리 잡게 되었다.

음력 8월 보름을 한가위로 정한 이유는 한해의 첫 열매를 거두어 추원보본追願報本하는데도 가장 알맞은 날일 뿐 아니라, 우리의 토속신앙에 의해 휘영청 밝은 둥근달에게 빌어 일일성日日盛의 복을 받는 일에도 부족함이 없기 때문이며, 명절로서 기온이 가장 알맞은 날이기에 이날을 택한 것이라고 세시풍속에 기록되어 있다.

또 삼국유사에 의하면 추석의 유래가 잘 나타나 있다. 신라 3대 유리왕儒理王 9년에 왕이 전국의 건강한 부녀자를 모아 6부로 나누고 다시 두 편으로 갈라 왕녀 두 사람으로 하여금 각각 3부씩 거느리게 했다. 그리하여 7월 16일로부터 8월 15일까지 1개월 동안 길쌈을 하게 했는데 그 공이 많고 적음을 가려 진편인 이긴 편에게 음식을 장만하고 술을 마련하여 후히 대접을 했다. 그 후 온갖 유희가 벌어졌는데 이를 가배嘉俳라고 했다 한다.

여기에 나타난 추석의 유래를 살펴볼 때 1년 중 가장 풍성한 가을의 좋은 절기인仲秋佳節期인데도 백성들의 살림이 넉넉하지 못하여 하루나마 즐길 수 없었다. 이런 딱한 처지를 측은히 여긴 왕은 직접 가배를 베풀었던 것으로 여겨진다. 그런데 유리왕은 어진 임금이라서 백성들에게 거저 잔치를 베풀어 준 것이 아니다. 근면 성실의 삶이 이루어질 때 그 결과로 이같이 풍요로운 즐거움도 맘껏 누릴 수 있음을 인식시켜주기 위해 길쌈으로 경쟁을 시켜 땀 흘려 일하게 했던 것이다.

세월이 흐르면 흐를수록 백성들의 인지人智가 향상되고 살림형편이 나아짐에 따라 자연의 섭리를 깊이 깨닫게 되어 감사할 줄 아는 마음이 일기도 하고 조상을 사모하는 마음씨가 일어나기도 하며 이웃을 돌보는 고운 마음씨가 피어오르기도 하는 등 이같이 풍요롭고 아름다운 민족심리가 이 땅에 정착된 것이다.

추석의 음식으로 빼놓을 수 없는 것이 송편이다. 송편은 반달모양으로 되어있다.

삼국유사에 의하면 고대사회 인人들은 추석이 만월滿月과 깊은 연관성을 지녔다고 인식하고 있었다. 그런 관계로 송편이 달을 상징한 떡이다. 라고 했다. 그렇다면 어찌해서 송편이 둥근 달이 아닌 반달 모양일까? 그 이유는 최초의 한자인 상형문자의 달月 자가 반달 형태로 되어있기에 송편이 곧 달을 상징하는 것으로 여기지 않았는가? 라고 생각된다. 그러나 중국에서는 중양절에 만월을 상징하는 둥근 월병月餠을 만들어 먹고 있다 한다.

한가위는 예로부터 중요한 구실을 해왔다. 혈연간의 화목을 다지는 계기, 바로 그것이다. 분산되어 사는 혈연들이 산소에 집결해서 제의에 참여함으로써 오랜만에 만나는 기쁨을 나눈다. 특히 현대사회에서는 그보다 더 각별한 의미를 지니고 있다. 산업사회가 한 가족마저 분산을 초래하였으나 추석은 분산된 가족을 집결시키는 계기가 되었다. 그러므로 협동과 화목의 결실을 이루는 좋은 구실을 추석이 하고 있다. 물질만능의 각박한 현대인들에게 추석은 정情을 샘솟게 하는 역할을 한다. 그러기에 매년마다 추석이면 귀향길을 민족의 대이동이라고 말하지 않는가. 참으로 없어서는 아니 될 소중한 명절이요, 귀중한 명절이다.

이러한 가치를 더욱 살려야겠다. 그리고 앞으로 더 좋은 의미를 발견, 보안시켜 전통에 빛나는 추석명절이 되어야겠다. 우리의 숨결로 이어지는 값진 추석명절이 되어야겠다.

(2008. 9)

‘교과서 날’ 제정 선포식을 보고

– 서울 프레스센터서 기념식, 교육부총리와 관계자 1,200명 참석 –

지난 11일은 우리나라에 ‘교과서 날’이 탄생된 날이다.

이날 오후 1시 서울 프레스센터 19층에서 역사적인 제1회 교과서 날 기념식이 교육부총리와 교과서 관계자 120여명이 참석한 가운데 성대히 거행되었다.

한국교육과정 교과서 연구회가 주최하고 교육부가 적극 후원한 이날 행사였는데 대한민국 정부가 세워지고 교과서가 처음으로 발행했던 1948년 10월 5일을 기념해서 10월 5일을 ‘교과서 날’로 정했다한다. 그런데 금년은 추석 연휴라서 부득이 10월 11일에 그 첫 번째 창립 기념식을 갖게 된 것이다.

이시기에 최초로 발행된 초등학교 1학년 1학기 국어교과서에는 철수가 “영희야, 영희야, 이리와 나하고 놀자. 바둑아, 바둑아 이리와 나하고 함께 놀자.”라고 했다. 처음에 글을 빨리 익히기 위해 물론 반복법을 사용했음이 분명하지만 그 이면에 흐르는 상징적 의미는 매우 큰 교훈이 담겨져 있다고 본다. 인간과 인간은 절대적으로 하나로 뭉칠 때 존재가치가 있고 인간과 자연(바둑이)은 함께 공존해야 풍요로움을 누릴 수 있음을 암시해주고 있다.

교과서는 교육중심 자료

그러기에 교과서는 삶에 나침판과 같은 역할을 한다고 할 수 있는 것이요, 교사는 나침판의 지시에 따라 가되 어디로 가야 암초에 부딪히는 일 없이 순탄하고 바르게 가는 길인가를 가르치는 역할을 한다. 그러므로 교육은 교과서와 교사가 양 수레바퀴와 같은 것이다. 그래서 어느 한편이 고장이 나면 도저히 앞으로 나갈 수 없는 것이기에 교과서와 교사는 교육에 절대적인 한 축이요, 교과서는 교육중심의 자료다.

지금까지 잡지의 날(11, 1)과 책의 날(10, 8)은 있었지만 정작 있어야할 교과서 날이 없었다. 이를 퍽 안타깝게 여긴 한국교육과정 교과서 연구회 박용진 회장과 허강 사무총장이 1여년이 넘도록 줄기찬 노력과 헌신의 결과 오늘을 맞이하게 되었고 이에 교육부의 적극적인 후원과 대한 교과서 주식회사를 비롯한 교과서 출판사, 한국 검정교과서 협회 등에서 많은 협조가 이루어졌기에 이 번 교과서 날이 제정 선포와 함께 학술 심포지엄을 개최하게 된다고 한다. 대단히 바람직한 일이요, 보람된 일이다.

그러나 이처럼 제정 선포만으로 땀의 대가를 논하기는 너무 이르다. 어머니가 간난 애를 우여곡절 끝에 탄생시켰다고 해서 저절로 성장하는 것은 결코 아님을 삼척동자도 잘 알고 있다. 어머니가 자식 하나를 기르려면 쓸개간장 다 녹는다는 말이 있다. 그만큼 어려움이 많다는 이야기다. 앞으로가 문제인 것이다.

교과서는 국민의 얼을 심어주는 일

조선시대의 대표적인 교과서로 사서四書 : 〈논어〉 〈맹자〉 〈대학〉 〈중용〉와 오경五經 : 〈시경〉 〈서경〉 〈예기〉 〈춘추〉 〈주역〉을 들을 수 있는데 성리학을 중심으로 성현의 말씀이 기록되었으며 또 근대적인 교과서 편찬은 갑오경장 이후 서구식 교육제도가 도입되었고, 안창호 선생이 건립한 대성학교 등은 민족의 혼을 일깨우는 교과서가 편찬되었으며, 오늘의 7차 교육이 이루기까지 교과서는 주체의식을 길러 세계를 주도적으로 이끌어 가는데 역점을 두고 편찬한 것으로 본다.

이로 인하여 우리민족이 다른 민족에 비해 유독 양반의식, 체면의식, 열등의식, 서열의식, 예절의식, 민족의식, 애국애족의식 등이 길러졌는데 이는 무슨 까닭인가. 민족성이나 주변 환경의 탓도 있겠지만 민족이나 국민의식을 기르는 교육의 중심자료인 교과서의 영향이 아니라고 그 누가 단언 하겠는가.

교과서 편찬은 그 임무가 막중하다.

이같이 교과서는 민족의 얼을 심어주는 역할을 한다. 유치원에서부터 대학원에 이르기까지 20여년에 이르도록 이루어지는 교육의 중심자료이기 때문에 교과서 편찬이야말로 그 책임이 막중하다 이번 교과서 날 제정의 의의가 여기에 있는 것으로 여겨 본 한국교육과정 교과서 연구회는 그 임무를 성실히 이행하여 우리 국민의 궁극적인 목적인 세계를 주도하는 국민으로 성장시켜주길 바란다.

(2006. 10)

안중근의사 동상이 부천 안중근공원에 설치

안중근 의사安重根 義士 동상이 지난 26일 오후 3시 부천 안중근공원(전 중동공원)에 설치됐다. 이날 안 의사 동상 제막식은 1909년 10월 26일 국적 제1호 이토 히로부미를 하얼빈 역에서 처단한지 꼭 100주년이 되는 날이어서 그 의미는 더욱 크고 높다.

홍건표 부천시장은 기념사를 통해 민족의 혼을 일깨우며 대한국인의 기개를 만천하에 알린 안중근의사 동상이 설치되는 이곳 중동공원을 안중근공원으로 명칭을 병경한다고 했다. 앞으로 이곳에 의사의 어록이 새긴 비문과 기념비 등을 추가로 세워 부천시민이 안 의사의 민족혼을 체험할 수 있는 역사학습공원으로 조성하겠다고 말했다.

5천년의 문화민족임을 자부해온 우리나라가 국권을 빼앗긴 것은 힘이 없기 때문이다. 국가와 국가의 대결은 힘의 대결이다. 힘이 없는 민족은 필경 망할 수밖에 없다 지금부터라도 힘을 길러야 한다. 이러한 마음으로 1906년 3월에 안 의사는 28세의 나이로 가산을 모아 돈의학교와 삼흥학교를 설립하여 구국영재를 양성했다.

여기서 안중근 의사는 나라의 힘을 기르기 위해서는 무엇보다도 교육이 선행되어야 하는데 특히 성실과 사명을 강조한 것으로 보인다. 이는 그가 평생 좌우명으로 삼았던 '견리사의 견위수명見利思義見危授命'란 뜻에서 능히 알 수 있다. "이익을 보거든 정의를 생각하고 위태로운 것을 보면 목숨을 바쳐라."는 이 말은 정직과 정의와 사명을 강조한 것이다. 또 사람은 스스로 높은 사명을 자각할 때 최고의 자아에 도달 한다. 사명使命의 使자는 '심부름한다' 는 뜻이다. 역사의 심부름꾼이요 민족의 심부름꾼이요 나라의 심부름꾼이요 더나가 하나님의 심부름꾼이다. 맡은 바 심부름을 완성하기 위해서는 인내가 꼭 필요하다. 그러기에 그분은 忍耐를 휘호로 남겼고 조국에 자기목숨을 바쳤다.

그리고 당시 하얼빈 일본 총영사관에서 미조부리 검사는 안중근 의사에게 "이토 히로부미 공을 왜 적대시 했는가" 라고 심문했을 때 안 의사는 이토가 우리민족에게 저질은 죄목 15가지를 조목조목 지적했다. 안 의사의 논리 정연한 진술에 담당 검사도 기록 서기관도 놀라움을 금치 못했다. 한다. 미조부리 검사는 "지금 진술한 것을 들으니 당신은 정말 동양의 의사義士다. 의사는 절대 사형을 받지 않는다. 그러니 걱정하지 마오."라고 했을 때 안 의사는 "내가 죽고 사는 것에 대해서는 말할 필요가 없소. 단지 이 뜻을 일본 왕에게 속히 알려 이토의 못된 정략을 시급히 고쳐 동양의 안위를 바로 잡는 것이

내가 간절히 바라는 바요. 라고 말했다 한다.

이같이 안중근 의사는 자신의 생명을 초개같이 내던진 애국 독립투사다. 이토 히로부미를 처단함으로써 우리민족의 독립의지와 기상을 만천하에 떨쳤다. 그리고 세계평화를 위해 〈동양평화론〉을 집필 중이었으나 그 책을 완성시키지 못한 채 의거 152일 만인 1910년 3월 26일 32세의 나이로 여순 감옥 형장에서 사형이 집행되어 순국했다.

자신이 죽거든 유해를 하얼빈 공원에 묻었다가 조국이 광복 되면 고국으로 반장返葬해달라는 안중근 의사의 유언이었는데 그분의 유해는 여순 감옥 묘지에 권빈權殯되었으나 그 후 권빈지가 실전되어 아직까지 고국에 안장되지 못한 채 의거 100주년이 된 오늘에야 그 분의 동상만이 조국을 찾아와 이곳에 설치된 것이다.

지금 동상을 바라보라! 그분의 뜨거운 애국의 혼이 우리를 부르고 있다. 저 우람한 입술을 보라. 1909년 구국救國을 위해 12명의 동지들이 동의단지회同義斷指會를 결성한 후 왼손 무명지 첫 관절을 자르고 거기서 흐르는 선열로 태극기에 '대한독립'이라 썼다. 그리고 일어나 대한독립만세를 외쳤던 그 함성. 이토를 처단하고 목이 터져라 만세를 불렀던 그 고결한 음성이 지금도 들리는 듯하다. 또 저 가슴을 보라! 그분의 구국의 맥박이 역사의 심장이 되어 현재도 뛰고 있지 않는가? 우리는 심안(心眼)으로 동상을 바라보고 심이心耳로 귀를 기울여 보자! 그러면 우리민족의 표상이요 등불인 그 분의 유지가 보이고 들릴 것이다. 그 불굴의 힘, 이것이야말로 우리의 찬란한 역사를 이루는 원동력이 될 것이다.

(2009. 11)

허락 받은 시간

사람은 누구나 잘 살기를 원하고 건강하게 살기를 원하며 가급적이면 그런 가운데 오래 살기를 염원한다. 그러나 자기의 의도와는 전혀 다르게 살아가는 사람들이 참으로 많고 세상을 빨리 하직하는 사람 또한 많다. 이는 삶과 죽음에 대해서는 절대자의 의도에 달려있기 때문이다.

나 역시 예외는 아니다. 지금은 죽음을 생각해야할 시점에 다다른 것 같다.

2009년 첫 주일(1.4)부터 삼차신경통증 때문에 교회에 나가지 못했다. 1월 8일에는 동내병원에서 이곳 대학병원으로 옮기게 되었으나 전혀 차도가 없어 1월 9일 밤에는 응급실로 실려 갔다. 그러나 백약(百藥)이 무효였다. 이판사판이라서 아픔을 무릅쓰고 둘째 주일(1.11)은 교회에 출석을 했다. 심한 통증은 여전하여 예배도중 한바탕 소동을 피우고 겨우 예배를 마친 후 곧바로 집으로 돌아왔다. 이 병이 발작하면 전혀 말을 못하게 된다. 말을 하면 통증이 더 심하기에 모든 의사意思를 글로 써서 전달할 수밖에 없었다. 그날도 그러했기에 교인들의 숱한 염려에도 한마디 답례도 못했다.

1월 12일 밤에는 큰 아들이 내 통증을 보다 못해 인터넷을 샅샅이 뒤지기 시작하여 삼차신경통에 국내 제일의 권위자를 찾게 되었고 다음날 13일에는 수원아주대학병원 김찬교수를 찾아가게 되었다. 당일은 그분의 요구대로 검진을 모두 받고나니 15일에 다시 내원, 그 결과를 점검해보자고 했다. 그러면서 병명을 정확히 알기 위해서는 오늘부터 3일간 어떠한 통증도 참아가며 전혀 약을 먹지 말고 그 통증을 정확히 기록한 병상일기를 써오도록 했다.

그 3일간의 통증은 너무도 잔인했다. 죽기보다 더 독한 것이었다. 짧게는 10분에서 15분 간격으로 10여 분간 계속 통증이 찾아오기도 하고 좀 멀게는 4, 50분 간격으로 찾아오는데 온통 공포에 사로 집힐 수밖에 없었다. 이러니 어찌 1분 1초도 눈 붙일 겨를이 있었겠는가.

3일간 그 독한 통증을 다 참아가며 15일 예약시간인 오후 3시에 내원, 진단결과를 받았는데 삼차신경통보다 더 독한 설인신경통이라고 진단 결론을 받았다. 삼차신경통은 수술도 가능하고 치료도 가능하지만 설인신경통은 전혀 수술도 치료도 불가능해서 그 통증을 오직 약으로 조절할 수밖에 없다는 것이다. 약을 먹다보면 무통기간이 오는데 그 기간이 길다는 것이며 이 기간에는 약을 떼어야만 내성이 없어 다음 진통기가 올 경우 약의 효과가 있다며 최종 진단을 내려주었다.

그분의 처방에 의하여 약을 복용한 뒤부터 언제 그런 통증이 왔느냐는 듯 평온해졌다. 마치 태풍이 휘몰아쳐 온 천지를 삼킬 듯, 그런 기세가 단번에 꺾이어 평온을 되찾듯 그러했다. 그러나 여전히 말은 할 수 없었고 기력 역시 조금도 되찾을 수 없었다. 그 후 20일이 지난 후에야 겨우 짧고 조용한 음성의 말로 의사意思를 전달할 수 있었으니 그간 얼마나 독한 통증이었던가를 말해주고 있는 듯하다.

설인신경통의 아픈 정도를 어디다 비교할까. 통증이 가신지 며칠 후 큰 딸과 치과에 들린 적이 있기에 그 아픈 정도를 그 자리에서 이렇게 비유했다. '치아 치료를 받다가 잘 못 신경을 건드렸을 때 질겁하는 정도의 아픔이 10분정도 계속한 한다고 했다. 내 말을 듣고 있던 치과의사가 그 정도보다 훨씬 더 강하지요. 치과에서 잘못 건드린 신경은 나뭇가지의 맨 꼭지 점의 신경에 불가 하지만 설인신경통증은 나무 원줄기를 건드린 통증이라고 하면서 거기에 비교할 수 없는 아픔이라고 했다.

나는 죽음이 가까웠다고 여겨진다. 그렇다면 어떻게 죽어야 할 것인가. 어떻게 죽는 것이 가장 현명한 죽음일까. 죽음은 삶의 종말이자 결산이기에 더욱 그런 생각이 든다. 죽음을 생각해보니 지난날 나의 삶의 목적이 무엇이었던가. 이런 생각을 해보았다. 삶의 목적이 분명할 때 곧 죽음의 결과도 그 해답도 분명해 진다고 여기기 때문이다.

죽음은 피할 수 없는 엄숙한 현실이자 절대자의 명령이다. 이렇게 볼 때 인생의 제일의 문제는 어떻게 사느냐 하는 문제보다도 어떻게 죽느냐 하는 문제가 절대적인 것 같다. 조용히 생각해보면 죽음의 문제가 삶 자체보다도 더욱 중요하지 않을까.

한 생명이 태어나서 이 세상에 사는 동안에 수고하고 번민하다가 인생무대 저편으로 살아지는 것은 누구나 마찬가지다. 그러나 인생의 종말은 다르다. 새로운 삶의 출발이라고 믿는 믿음의 죽음과 그것이 인생의 최종 종말이라고 보는 무신론자의 죽음은 완전히 다르다. 이러한 절박한 문제에 대해서는 어떠한 과학이나 논리적인 증명으로도 밝혀질 문제가 아니다. 우리들의 한계와 이해의 범위를 넘어서 오직 신학으로밖에 그 해답이 풀리는 문제이기 때문이다.

우리들에게 주어진 문제는 오직 선택일 뿐이다. 스스로 태도를 결정하고 그 목표를 위해 살아가야할 문제이기 때문이다. 나는 이 글을 쓰면서도 그렇게 담담한 심정일 수 없다. 오직 절대자인 하나님에 대한 믿음이 있기에 그러한 것이 아닐까. 그러기에 다음에 그런 통증이 또 찾아 온다할지라도 모두 감내하고 싶다. 이 세상에서 그간 잘못살아온 나의 대가라면 감내해야지 자살自殺할 수는 없지 않겠는가.

성경에도 "무릇 징계가 당시에는 슬퍼 보이나 후에 그로 말미암아 연단 받는 자들은 의와 평강의 열매를 맺느니라."(히,12:11) 하지 않았는가. 이 말씀은 주님의 뜻을 따랐을 때 이 세상을 하직하는 순간 천국에 들어가 새로운 삶을 살 수 있다는 확신된 말로 믿어지기 때문이다.

그간 나는 예수그리스도를 나의 주로 섬겨왔던 일이 얼마나 다행스러운 일인지 모른다. 지금에 와서 생각해보니 얼마나 잘 한 일인가 백번을 생각해도 틀림이 없다. 그렇지 않았더라면 나는 죽는 그 순간부터 영혼이 고아가 되어 얼마나 서럽고 불쌍히 될 것인가. 살아져가는 나의 인생, 그러나 새로운 소망의 천국으로 갈 것이라 생각하니 그간의 믿음의 생활이 얼마나 보배스러운지 모른다.

내가 그간 믿음의 생활을 잘해와서가 아니다. 모두 주님의 은혜일 뿐이다.

2년 전이라고 할까. 지금 그 무렵으로 짐작된다. 당시 꿈이었던가. 아니면 새벽기도 도중이었던가. 자세히 기억은 없으나 아무튼 이곳이 천국의 맨 변두리라고 생각되는 그곳에 나는 서 있었다. 내 옆에 있는 자가 한 사람 있었는데 그 자가 하는 말이 너의 집도 이곳에 아주 자그마하게 마련되어 있다고 했다. 얼마나 작은 집이냐고 물었다. 그리고 지금 가볼 수 없느냐고 했더니 지금은 네가 올 때가 아니라며 현재 살고 있는 집보다 크고 좋다고 했다. 그 자가 말하는 집은 인천시 부평구 삼산동의 33평의 아파트를 가리키는 말이었다.

이제 나에겐 이 땅에서 허락 받은 시간이 얼마 남지 않은 것 갔다. 그러기에 나의 믿음을 조용히 점검해보았다. 그 결과 생각해부면 볼수록 모두 주님의 은혜일뿐이다. 그간 실생활과 믿음의 생활과는 너무도 거리가 멀었다. 예수그리스도의 향기는커녕 내 안에 계시는 주님을 하루라도 근심시켜드리지 않는 날이 언제 있었던가.

그런데도 천국에 나의 집이 마련되어 있다니, 너무도 감격할 일이다. 바울 사도가 "모든 성도들 중에 지극히 작은 자 보다 더 작은 나에게 은혜를 주신 것은 측량할 수 없는 그리스도의 풍성한 은혜다. (엡, 3:8)" 라고 했는데 나는 그분에 비한다면 하찮은 미물에 지나지 않는다. 그럼에도 이같이 주님의 은혜를 입었으니 무엇으로 보답할까. 이후의 남은 삶만은 주님 보시기에 아름다운 삶을 살고 싶다.

본향으로 돌아갈 그 때, 그분으로 하여금 잘 했다 칭찬 받을 수 있는 그런 삶을 살고 싶다. 이것이 작심삼일作心三日이 된다할 지라도 다시 정돈하고 또 정돈해 가면서 사는 그런 경건한 삶을 나는 기어이 살고 싶다.

(2009. 3. 부천아름다운신문, 수필문학)

제5부

동트는 새날을 맞이하여

젊은 지성인의 삶과 존귀한 가치

인간의 사회는 기계처럼 짜여져 정밀하게 돌아가는 그런 구조가 아니다. 그러기에 대학 졸업장 역시 어떤 생산품이 제조과정을 거쳐 마지막 상품의 레테르와 가격을 붙여 나오는 그것과는 판이하게 다르다. 그런데도 우리는 종종 그런 착각 속에서 헤어나지 못하는 모순 속에 생활하는 때가 종종 있다.

대학을 졸업했는데도 일자리가 있어야지. 라고 탄식조로 말한다든가, 막상 오라는 직장은 있어도 어찌 그런 자리에서 일할 수 있느냐고 하며 좀 기다려 보자고 하는 자들이 있는데 그들을 보면 대부분 재주도 있고 지식도 있다. 그런데도 번번이 놀고 있는 것을 보면 참으로 안타깝기 그지없다. 물론 그들을 전혀 이해 못하는 것이 아니다.

그러나 문제는 그들이 젊음의 가치를 제대로 파악하지 못하고 있다는 점이다. 그로인하여 인생을 바라보는 눈이 근시안이 되어 멀리 바라보지 못하고 코앞에 놓인 것만 보고 있기에 힘들고 어려운 일이라면 그를 회피하거나 쉽게 체념하고 포기하는 경향이 있다. 이로 인하여 이들은 젊은이다운 불굴의 도전 정신이 상실된 것이다. 어떠한 난관에도 어떠한 시련에도 이를 극복하려는 의지와 패기가 사라진 것이다. 그러기에 미래를 향한 용기도 패기도 일어나지 않는 것은 너무도 당연한 일이다. 그러하니 어디서 무한한 가능성을 발견할 것이며 희망에 불타는 가슴이 일어나겠는가.

오직, 답답한 심정이 온 전신을 무겁게 짓누를 수밖에 없다. 이러한 젊은이들에게는 아무리 탐스럽고 아름다운 육체를 지녔다 할지라도 어찌 그를 진정 젊은이라 할 수 있을 것인가. 외양이 그럴 듯하지만 거기에는 생명이 없다. 마치 화려한 조화造花처럼 아름답기는 하나 향기가 없다. 그러기에 벌 나비들이 찾지 않는다. 무가치無價値하기 때문이다.

이렇게 말하면 젊은이들은 여건이 갖추어지지 않은 상황에서 우리에게 어떻게 하라는 말이냐고 따질지도 모른다. 물론 여건이 절대적으로 필요한 것은 두말할 나위도 없다. 그러나 여건을 탓하기에 앞서 그러한 젊은이들에게 여건을 만들 만한 비전을 가지고 있느냐? 하고 묻고 싶다. 그러한 비전을 가지고만 있다고 한다면 모든 문제는 풀리는 것이다.

지금부터 6년 전의 일이다. 모 국영기업체에서 청소부 고용직 두 명을 뽑는데 무려 89명이나 응모했고 그 중에는 7명의 대학졸업자와 1명의 대학원 졸업자도 있었다. 선발과정에 아주 험한 노동의 테스트 과정에서는 대부분 탈락했는데도 학사 1명과 석사 1명이 강인한 집념으로 이를 통과했기에 이 둘이 최종합격자로 뽑혔다.

이들은 학벌과 너무도 동떨어진 단순노동을 하면서도 맡은 바를 묵묵히 그리고 성실히 행하는 것을 보고 회사 측은 입사 2년 후부터 그를 학벌에 맞는 직책으로 옮겨 근무하게 했다. 그들에게 무슨 일을 맡기든지 능력을 발휘할 수 있을 것이라고 믿었기 때문이며, 그들 역시 믿음을 심어주었기 때문이다.

요즘 나는 인터넷을 통하여 우리나라 5, 6십년 대의 삶의 모습을 의미 깊게 바라보면서 깊은 상념에 젖어보곤 했다. 1950년 6 · 25동란으로 폐허된 상황은 너무도 처참했다. 현재 세계 곳곳의 가난한 나라와 비교해보려고 해도 당시 우리의 처절한 삶과 비교할 나라가 없다. 그만큼 상황은 비참했다. 그 때 우리나라는 국가 재정의 70%가 미국의 원조에 의존한 나라였기에 외국에서는 거지의 나라라고 불렸다.

그러한 굶주림의 현실 속에서도 우리의 청년들의 눈빛은 반짝였다. 어떠한 시련에도 어떠한 난관과 위협에도 굴하지 아니하고 기어이 이 가난을 극복하겠다는 굳은 신념에 차 있었다. 이 길은 오직 배움의 길 뿐이었다. 맨주먹밖에 없기 때문이다.

당시 국민들의 교육의 열은 너무도 뜨거웠다. 6 · 25전쟁 중인 50년대에 비해 질서가 다소 회복된 60년대의 교육은 상상을 뛰어넘는 폭발적 상황이었다. 이를 잘 증명해주고 있는 것이 당시 우정은 교수의 논문이다. 그에 의하면 50년대의 전국 초중고 학생 총수가 144만여명 이었던 것이 60년대에는 그 3배가 넘는 475만여 명이었으며 대학생 수 또한 50년대는 7천 8백여 명이었던 것이 60년대는 그 12배가 훨씬 넘은 9만 8천여 명에 이르렀다고 했다.

60년대라 해서 국가 경제가 크게 달라진 바도 없다. 가난은 여전하여 식량이 바닥난 일명 〈보리고개〉인 봄철이면 풀뿌리로 연명하는 자들이 전 국민의 과반수에 이르렀고 노약자는 굶어 죽기까지 했다. 그 와중에서도 자녀 교육을 위해 농경사회에서 가장 소중히 여기는 소와 논밭까지 팔아가며 학비를 대었고 그것마저도 없는 가난한 자녀들은 스스로 학비를 벌어가며 공부하는 고학생들이 무지기 수였다. 그들의 대표자들이 김대중, 노무현, 이명박 세 분의 전 현직 대통령이다.

과거 사회는 지금처럼 좋은 여건은 상상할 수 없었다. 그 칠흑 속에서도 흑암을 뚫고 서광을 찾으려는 꿈이 어린 몸부림이 있었기에 해방과 분단과 전쟁의 소용돌이로 조국은 완전 폐허된 잿더미였는데도 그 속에서 50년 만에 우리는 세계에서 유래를 찾아볼 수 없는 11위의 경제대국을 이룩한 것이다. 거름더미에서 장미가 핀 셈이다.

이것은 결코 우연한 것은 아니다. 이 땅의 젊은이들이 품은 비전과 그를 이룩하기 위해 흘린 피와 눈물과 땀의 결정체임을 오늘의 젊은이들이 가슴 깊이 되새겨야 한다. 이 나라 백년대계百年大計와 자신의 자랑스러운 미래를 위해서도 이를 명심해야 한다.

(2008. 3)

대학을 졸업하는 자들의 자세와 각오

대학을 졸업하는 자들에게 대학에서 배운 것이 무엇이냐고 묻는다면 그들은 어느 학과 무슨 과목을 배웠다고 대답할 것이다. 그러나 그들에게 다시 대학교육을 통해 인생의 무엇을 얻었느냐고 묻는다면 확실하게 대답하기가 어려울 것이다.

진실로 대학교육을 통해 얻어야할 것이 있다면 그것은 바로 얼마만큼 '자기 자신을 깊이 깨달았느냐'에 따라 그 성과를 논해도 조금도 부족함이 없으리라 여겨진다. 이것은 의미 있는 대학생활의 전부여야 하기 때문이다. 자기의 무지無知를 아는 것이 현명하고 지혜 있는 사람의 가장 근본요소임을 희랍의 '소크라테스'의 말을 인용하지 않더라도 능히 짐작할 수 있으리라 믿는다.

자기의 무지를 아는 것이 가장 큰 문제이다. 자기의 무지를 얼마나 알고 그것을 겸손하게 받아들이며 예리하게 측정하고 반성하면서 자기의 무지를 보충해 나가는 그 노력의 실천이야말로 올바른 지성인의 자세라고 단언해도 좋으리라. 참으로 이러한 일만 바로 된다면 지식이 얼마나 사회를 복되게 하는 것이며 인류문화 발전에 얼마나 크게 공헌할 것인가.

대학을 졸업하거나 무슨 학위를 받는 것이 마치 어떤 상품이 제조과정을 거쳐 나오면 고 품질 상품의 레테르를 붙여서 나오는 것처럼 오인하고 있는데 그들은 흔히 큰 것만을 가지려하고, 높은 지위만을 탐하고 있는데 그것은 학식은 있으나 자기 자신의 무지를 깨닫지 못하는 관계의 자들로서 세정에서 흔히 볼 수 있는 만악萬惡을 움트게 하는 잘못된 지식인의 범죄 행위가 아닐 수 없다.

진정 대학을 졸업한 사람과 대학교육을 못 받은 사람과의 차이는 자기 자신을 얼마나 잘 바라보느냐의 차이라고 보아야 옳을 것이다. 대학교육을 받은 사람은 자기의 지식이 얼마나 부족한가를 깨닫게 되는 까닭에 끊임없이 배우는 자세로 살아가므로 겸손의 미덕이 있어 더욱 큰일을 할 수 있는 능력이 생기는 것이지만 그렇지 못 한 자는 자기의 무지를 깨닫지 못한 관계로 쥐꼬리만한 지식을 가지고 자만하거나 방심하는 사이에 정신적으로 정지 상태에 빠지거나 후퇴하여 실제로는 지적知的 죽음을 초래하게 되는 것이다.

다시 말하거니와 자기의 무지를 깨닫는 자는 항상 그를 보충하기 위하여 열심히 노력한 관계로 아무리 작은 일을 맡았더라도 거기에서 새로운 것을 발견하고 그를 위해 노력함으로써 그 작은 것을 큰 것으로 만들어 내는 창조의 현상이 나타나게 되는 것이다. 그러나 반대로 자기를 깨닫지 못 한 자는 그렇지 못하니 큰일을 얼마나 맡길 수 있겠는가.

세상이 이러니저러니 하다하여 혼란상과 모순 상을 지적하기 전에 자기 발등에 떨어진 불이 과연 무엇인지를 생각해보아야 한다. 직장인가, 돈인가, 노력인가, 사랑인가, 그렇지 아니하면 자기라는 인간의 '삶' 그 자체의 가치 존재의 의미인가를 찾아야 한다.

그리고 대학을 졸업하면서 자기를 잘 발견해고 문제점을 찾아내야 한다. 자기의 무지를 깨닫고 그것으로 말미암아 이제부터 나는 배우는 사람이 되어야겠다는 것이 졸업을 맞는 자의 정신적 자세라 한다면 그것이야말로 제대로 대학교육을 받은 자의 자세며, 이러한 고귀한 선물을 받은 자들은 반드시 사회에서 그를 찾고 있다는 사실을 알아야 한다. 이는 삶의 근본 원리를 아는 자이기 때문에 사회가 그를 요구하고 있기 때문이다.

어찌 보면 세상이 거꾸로 돌아가는 것 같고 무엇이 무엇인지 뒤범벅이 되어 도무지 알 수 없는 것 같지만 그런 속에서도 만고萬古의 역사적 진리는 자기의 무지를 깨닫는 일에서부터 시작하는 것이므로 그런 자를 찾는 것은 동서고금東西古今의 역사에서 그를 증명해주고 있다.

끝으로 몇 차례 강조한 바지만 무지를 깨닫고 그것을 겸손하게 받아들이며, 예리하게 비판하여 ≪나는 배우는 사람이 되어야겠다.≫는 마음으로 대학문을 나서야 한다. 모든 생명은 안에서 건강하여야만 밖으로 확대되어 자란다는 평범한 자연의 진리를 다시 한 번 깨달으며 힘차게 교문을 나서야 한다.

(2007. 2)

고등학교 입학생들에게 당부한다

고등학교에 입학한지도 한 달이 넘는다. 그러기에 이 글이 때늦은 감이 있어 상당히 주저하다가 그래도 입학생들에게 쓰는 편이 낫다고 여겨 쓰기로 했다.

먼저 고등학생이 된 것을 진심으로 축하한다. 고등학생이면 육체적 성장 못지않게 정신적 성장도 동시에 이루어져야할 시기이다. 그러기에 여기서 말하는 축하의 의미는 인사치레로 가볍게 말하는 그런 의미는 결코 아니다.

고등학교 학창시절은 인생의 참뜻을 세워 정진해야할 시기요, 자기의 사명을 찾아 실천해야할 시기다. 그러기에 고등학교 3년간의 기간은 인생의 방향을 결정짓는 시기이므로 결코 시간만으로 계산할 수 없는 참으로 값진 시간이요, 중대한 시기다. 이 시기를 허송세월 보낸다면 먼 훗날 그만큼 후회스러운 인생이 될 것이다.

생각해보라. 고등학교에 입학하여 1학기도 넘기기 전인데도 인문계 고교에서는 문과와 이과 중 어느 학과를 선택하라 한다. 그리고 실업계 고교에 입학했을 경우도 마찬가지다. 구체적으로 어느 학과에 입학했는데도 무엇을 전공할 것인가를 구체적으로 또 선택해야할 경우도 있다. 가령 공고의 경우 기계과 중에도 용접, 선반, 밀링 설계 등 여러 반이 있는데 자기가 선택하여 진로를 결정하고 나면 2학년 때에는 결정된 그 길을 위해서 뜻을 세워야 하고 또 다시 3학년에서는 무슨 대학에서 무슨 학과를 전공하기 위해 어느 학과에 입학해야겠다는 결정을 또다시 하게 된다.

다시 말해서 자기가 걸어야할 인생의 길을 결정하는 시기가 바로 고등학교 시기라는 것이다. 천년의 가슴을 열고 첫발을 내디디는 시기가 곧 고등학교 시기다. 그러니 인생에서 얼마나 중대한 시기인가.

인생의 좌표를 어디에다 두고 살아가야 할 것인가. 어떤 마음으로 친구를 사귀고 어떤 태도로 공부를 해야 할 것인가. 중학교 3년간의 기간은 국민이면 누구나 두루 갖추어야할 지식을 터득하는 기간이라 한다면 고등학교 기간은 보통교육 중 가장 높은 수준의 교육을 받는데 실업계와 인문계로 나누어 전문교육을 실시함을 목적으로 교과가 편성되어 교육을 받는 기간이다. 전문지식의 깊이를 더하기 위해서 더 높은 교육을 선호하는데 이것이 대학교육이다.

사랑하는 고교입학생들에게 당부 한다.

인생은 1회성, 자기의 인생은 자기가 사는 것이다. 지난 날 내 고교시절 철부지였기에 인생을 잘 못 살아왔노라고 아무리 후회하고 깊이 반성한다 해도 다시 고교 시절로 되돌아가는 그런 2회성 인생은 없다. 그리고 아무리 부모가 자기를 사랑하고 친구들이 의리를 끝까지 지켜준다 해도 친구가 자기 인생을 대신 살아 줄 수도 없다. 오직 자기의 삶은 자기가 결정하고 개척하여 스스로 가꾸어 나갈 때 풍부한 삶을 이루어지는 것이다.

풍부한 삶이란 성실한 삶에서 이루어진다. 성실은 참이다. 거짓이 없는 것이다. 맑고 깨끗한 마음이요 순수한 마음이다. 언제 어디서나 무슨 일을 하든지 어떠한 친구를 만나든지 나의 정성을 다하고 능력껏 내가 맡은 일에 책임을 다하는 것이 성실이다. 내가 나를 대할 때에도 그리해야 한다. 꿈을 가지고, 비전을 가지고 실행할 때에도 성실한 마음바탕 위에 이루어져야 한다. 그리고 친구를 대할 때도 그러해야한다. 그래야만 진실한 사귐이 이루어진 것이다. 그러기에 동양의 성인인 맹자가 말하기를 성誠은 천지도요 인지도天之道 人之道라고 했다. 이를 우리말로 풀이하면 성실은 하늘의 길(뜻)이요, 사람의 길(뜻)이다.

우리는 너무도 허식과 과장이 많은 사회 속에서 살아간다. 우리는 말을 꾸미고, 표정을 꾸미고, 행동을 꾸미어 자기를 위장하면서 남을 대하는 일이 있다. 이것은 성실을 잃어버린 소치다. 여기서는 불안할 수밖에 없고 공포가 맴돌 뿐이다. 나는 여러분들에게 묻겠다. 여러분들이 이 나라 주인이 되었을 때 이러한 사회가 지속된다면 과연 행복하다고 하겠는가? 나는 내가 이 세상에 존재하므로 내가 사는 사회가 좀 더 나아졌다는 것을 자부할 수 있도록 살아달라는 것이다.

우리가 흔히 청춘이 아름답다. 라고 하는 것도 황금 같은 꿈이 서려있기 때문이요, 청춘은 인생의 예술이라고 극찬한 것도 무한한 아름다움을 창조할 수 있는 꿈이 서려있기 때문이 아닌가. 여러분들은 지금 꿈을 가지고, 일정한 목표에 도달할 수 있도록 성실하게 전진해야 한다.

(2006. 4)

대학입학생들에게 당부한다

각 대학에서 입학식을 거행한지도 어언 한 달여에 이른다.

신입생들은 그간 자기 나름대로 성공적인 대학 생활을 위해 학문 탐구에 뜻을 세우고 그 목표를 달성해 보겠다는 굳은 자세로 새출발이 시작된 줄로 안다. 이를 높이 치하하면서 신입생들의 창성한 미래가 펼쳐지기를 충심으로 기원한다.

대학생이 되었다는 것은 성인이 되었다는 이야기다. 지금까지 12년간은 초등학교와 중 · 고등학교에서 타율적인 교육을 받아왔는데 이는 미성년이기에 피동적이요 수동적인 교육을 받을 수밖에 없었을 것이라고 여겨진다.

그러나 이젠 대학에 발을 디디면서부터는 자주적이고 능동적인 교육이 이루어지는데 그 순간부터 자기 자신은 성인이 된 것이다.

성인은 자기 자신이 모든 일에 책임을 져야하는 것인데 특히 대학생에게는 그 책무가 더욱 막중하다는 것을 깨달아야 한다. 배움이 많은 사람에게는 그만큼 기대가 크기 때문이다.

그러므로 성인이 되어 출발하려는 이 시점에서 인생의 설계를 치밀히 세워야 하고 그에 따른 실천이 꼭 이루어져야 한다. 그리고 실천하여 얻어진 그 결과는 자기가 반드시 책임을 져야 한다. 의식적이건 무의식적이건 그 결과는 자기가 감수해야 하는 것이다.

여기에 어떠한 변명도 허용되지 아니하고 어떠한 이유도 용납되지 아니한다. 오직 스스로의 힘을 길러야하고 싸워나갈 용기가 있어야 한다. 그렇지 않고는 패배자가 되는 것이다. 성인으로 전환되는 이 때가 힘과 용기를 기르고 실천해야할 시기이므로 인생에서 매우 중요한 시기임은 인식해야 한다.

나는 전철을 탔을 때 흔히 느끼는 일이다.

어느 노인이 다리에 힘이 없으나 앉을 자리가 없어 서서 있자 하니 흔들리는 전철이라서 이리 흔들리고 저리 흔들리고 하는데도 젊은이들이 버젓이 자리를 양보하지 아니한 채 자기들끼리 잡담하고 있는 것을 볼 때가 많다.

과연 그들이 어른에게 자리를 양보하는 것이 옳은 일인지를 몰라 그렇다면 별 문제이지만 다 잘 알고 있고 그래야만 윤리 도덕적으로도 옳은 일임을 너무도 잘 알고 있다. 그러나 젊은이들은 알고 있는 것도 실행을 하지 아니하는 것이다. 이와 같이 아는 것과 실행하는 것은 별개의 문제로 생각하는데 문제의 심각성이 여기에 있다.

우리의 속담에 "구슬이 서 말이라도 꿰어야 보배다. 부뚜막의 소금도 집어넣어야 짜다." 라는 말이 있다. 아무리 좋은 것을 알고 있다할

지라도 이를 실천하지 아니하면 아무런 필요가 없는 것이요, 알고 있는 그 자체 역시 오히려 걸림돌이 되어 사회를 혼란스럽게 만드는 요인이 되는 것이다.

대학에 입학한 자들은 그간 교육을 통하여 모두 잘 알고 있으리라고 본다. 우리나라 교육과정을 보면 고등학교 교육을 받은 자들은 사회생활 하는데 조금도 부족함이 없도록 교육의 기본요소로 짜여져 있다. 그러기에 무엇이 옳고 무엇이 그른가를 분명히 깨달아 행하는 데에 조금도 부족함이 없다.

그 위에 대학교육은 더 구체적이요, 깊이 있는 교육으로서 인간의 심층부를 자극하여 정신적이고 영적인 힘을 길러주어 사상을 일으키는 교육이다. 다시 말하여 이념을 길러 생명을 발휘 하는 교육이라 할 수 있다.

조용히 생각해볼 때 대학 4년간의 기간은 일생에 비해보면 너무도 짧은 기간이다. 따지고 보면 겨우 48개 월 간이니 얼마나 짧은 기간인가. 그러나 계산으로만 따질 수 없는 기간이다.

이 기간이야말로 생生을 창조하는 기간이요, 무에서 유를 만들어내는 기간이다. 젊음의 기백과 정력이 어느 때 보다도 일생 중 가장 왕성한 기간이요, 무엇으로도 바꿀 수 없는 알차고 보람된 기간이다. 이 기간을 놓치지 말고 가치 있는 계획을 세워 실천해야 한다.

우리 인간은 흔히들 무슨 계획을 세울 때 그럴듯하게 하듯이 대학 입학식 날에 감격적인 마음으로 결단하기를 무슨 일이 있더라도 대학 4년만은 참되게 진眞과 선善과 미美를 탐구하는 학구생활을 해보겠다고 굳게 결심을 한다. 이 결심이 탐스러운 결실이 되어 자신의 번영과 이 나라의 동량지재棟梁之材가 되기를 바란다. (2007. 3)

한해를 보내는 '우리의 자세'

세월의 흐름은 자연의 섭리다. 놀고 있어도 자고 있어도 동이 트는 것은 자연의 새날이다. 그러나 인간의 새날은 그렇지 아니하다. 오직 싸워야 하고 승리해야만 밝아오는 것이다. 이것이 인간이 맞이해야할 새날이다. 아무리 세월이 흐르고 흐른다 할지라도 우리가 안일한 마음으로 나태한 심정으로 손꼽아 기다려도 우리 앞에 새날이 저절로 밝아지는 법이 없다. 있다면 그것은 어둠이요, 한숨이요, 눈물일 뿐이다.

나는 요즘 망년회忘年會란 미명하에 밤늦도록 흥청대는 이들을 더러 본다. 1차, 2차 3차는 보통이고 심지어는 4, 5차까지 자리를 옮겨가며 부어라 마셔라 하는데 그들이 과연 한 해를 보내면서 그렇게 괴로운 일들이 많아 모두 잊으려고 잊을 망자 망년회忘年會로 모여 술자리를 마련했던가. 술이 아니고서는 도저히 달랠 수 없는 절박한 일들이 쌓이고 쌓였기에 저리도 깊은 밤까지 길거리를 휩쓸고 다니는가. 저런 몸부림치는 처절함이 있기에 그러한 괴로움을 다 잊고 새해를 맞이하여 새 출발하려는 것일까? 아니면 한해를 보내며 친구들과 흥에 젖어보려는 단순논리로 술자리를 마련하다보니 곤드레만드레가 되었단 말인가. 아마도 후자인성 싶다.

그러면 망년회란 과연 어디서 온 말일까. 중국 맹자 진심상편孟子盡心上篇에 치지망역置之忘域이란 말이 나온다. '잊어버리고 생각지 않는다.' 뜻이다. 여기에서 비롯된 망년지교忘年之交, 망년지우忘年之友란 말이 파생되어 나왔다. 한 해 동안 있었던 불미스러운 일들을 모든 잊고 다시 사귀자. 또는 벗의 우정을 돈독히 하자. 라는 깊은 뜻을 지니고 있고 더 나아가 노인이 젊은 벗과 교제한다는 뜻도 들어있다. 여기에 선비정신의 수양과 고매한 인품이 담긴 것을 엿볼 수 있고 또 노인들 역시 젊은 세대를 이해하고 사랑해야 한다는 높은 인생철학관도 담겨 있음을 잊지 말아야 할 것이다. 이런 의미에서 망년회忘年會말이 다시 이루어진 말이라 여겨진다. 물론 국어사전에 의하면 망년회란 그 해의 온갖 괴로움을 잊자는 그러한 모임, 그러한 연회라고 기록 되어있지만 그 언어 안에는 그윽한 인생철학이 담겨 있기에 신년의 계획과 결의가 당연히 포함되어 있음을 잊어서는 안 될 것이다.

예나 지금이나 사람살이에는 매 한가지여서 1년을 살다보면 즐거운 일보다도 괴롭고, 슬프고, 원망스럽고, 노여운 일들이 많이 쌓이지 않겠는가? 이러한 일들을 가슴에 지닌 채 살다보니 이것들을 다 잊어야 만이 알찬 새해를 맞이할 수 있기에 나온 말이라 여겨진다. 특히 20세기에 들어서면서부터 상업심리에 몰두한 이익사회 시스템의 틈바구니 속에서 살아야 했다. 그러다보니 20세기 중반기도 넘어

서기도 전에 그 도가 더욱 심하여 전 인류가 한결 같이 내가 승리하느냐, 네가 승리하느냐. 아니면 네가 죽느냐, 내가 죽느냐하는 숨 가쁜 현실, 치열한 경쟁 속에서 생활하다보니 결과적으로 1, 2차 세계대전이 발발하게 된 것이다.

이러한 경쟁의식 속에서는 살아가기 위해서는 망년회忘年會라는 모임이 절실히 필요했을 것이다. 그래야만 다시 화합이 이루어지고 새로운 결의가 다져지는 계기를 맞이할 수 있을 것이니 그 모임이 얼마나 큰 힘으로 작용했을 것인가.

그런데 요즘에 와서 그 의미가 퇴색해져 忘年會가 亡年會로 변질해가고 있으니 참으로 큰 일이다. 우리의 경제가 아무리 세계 11위권에 이르렀다고 할지라도 인격적으로 대접을 받지 못할 행동을 한다면 이는 결코 선진국민의 대접은커녕 멸시와 조롱과 천대를 받는데 그 실례를 3년 전 중국에 유학하려간 학생들에게서 들은 실화를 그 예로 삼고자 한다.

중국천진 어느 당구장에서 중국학생과 일본학생과 우리나라학생 3명이 도박성 당구를 치고 있었는데 그 중 중국학생이 우리나라 학생과 일본 학생의 돈을 모두 따버렸다 한다. 돈을 전부 잃은 우리나라 학생은 한국에 계신 부모에게 전화하여 거짓으로 돈을 요구했다. 자기 아버지에게는 이곳 중국에서 공부를 하려고 하니 언어가 부족해서 도저히 공부를 못하겠기에 특별 개인지도를 요청했는데 선불을 내야만한다고 하니 용돈과 함께 급히 백만 원을 송금해 주셔야 하겠다고 요청했고 다시 자기 어머니에게 전화하여 아버지께서 주신 용돈으로는 부족하니 아무 말 마시고 몰래 돈을 붙여줄 것을 요청, 두 분 모두에게서 허락을 받았다 한다. 그런데 일본학생은 자기 집에 전화하여 사실대로 말한 뒤 부모의 용서를 받고 돈을 송금해 주겠다고 약속을 받았다고 한다.

이 사실은 다 듣고 난 중국학생은 그 뒤부터 두 학생을 대하는 품이 달랐다 한다. 한국학생에게는 자기 부모에게도 그런 거짓말을 서슴없이 하는 자가 어찌 우리에게는 진실을 말하겠느냐 하며 그에게 돈 많은 벌레, 야만인 이라고 여기며, 일본학생에게는 인격적으로 대접해주더라는 것이다.

참으로 부끄러운 일이다. 통분할 일이다. 어찌 한 번의 실수로 그러한 대접을 받는단 말이냐 하고 따지기 전에 우리는 반성하는 의미에서 조용히 생각해 봐야할 일이다. 진정 사실이 아니기를 간절히 바란다.

이같이 돈이 많다고 남들로 하여금 대접을 받는 것은 결코 아니다. 대접을 받으려면 그만한 인격을 가추고 있어야한다. 내 것을 가지고 내 맘대로 쓰고 다니는 세상이 아니다. 나의 한 번 실수나 약점이 곧 상대방은 성공의 발판으로 삼는다. 적어도 최고의 영도자를 뽑는 우리나라 대선 주자들도 그러지 아니한가. 심지어는 아주 까마득한 일들까지도 다 끄집어내어 따지지 않는가. 무서운 세상이다.

가령 우리 몸의 아주 작은 한 부위라도 그 곳에 염증이 있으면 몸 전체가 열이 나서 심히 앓게 된다. 그리고 아무리 숨겨진 장내의 한 부분에 암세포가 자리 잡고 있다면 곧 치료하거나 도려내지 않으면 그가 돈이 많고, 권력이 있으며, 화려한 명예를 지니고 있다할 지라도 기필코 죽음에 이른다는 사실을 명심하면서 우리가 맞이해야할 새날을 위해 다 함께 함 모아야 할 때임이 오늘의 삶에 달려있는 것이다.

(2007. 12)

새해를 맞이하면서

우리 모두 2007년 정해년丁亥年 새해를 맞이한다.

이럴 때마다 지난해를 돌이켜 보지 않을 수 없다. 정치, 경제, 사회 등 다사다난했던 한해를 돌이켜 보는 것도 옳은 일이나 나는 그 보다 먼저 자신을 돌이켜 보고자 한다. 그 이유는 나의 운명의 주인은 나요, 나의 미래의 주인도 나이며 나의 인생의 주인도 나이기 때문에 자신을 반성해보며 한해의 계획을 세워보는 것이 옳다 여겨지기 때문이다.

새해란 새 역사의 창조의 의미다

과연 나는 그간 남을 위하여 얼마나 사랑을 베풀었다고 생각되는가. 남의 흠집을 드러내어 그에게 얼마나 곤욕을 주었고, 나의 이익을 위하여 남을 얼마나 짓밟았으며, 진심으로 어려운 이웃을 얼마나 도왔던가. 그리고 미래를 위하여 나는 참고 견디면서 깊이 생각해 왔던가. 참아야할 것을 참지 못하여 남의 마음을 얼마나 아프게 했고, 사회를 얼마나 혼란하게 했으며, 자신의 인격을 얼마나 망가트렸는가. 또 나 자신을 위하여 끊임없이 높은 인품으로 교육해 왔던가. 자신의 내적갈등을 얼마나 승화시켜 바른 길로 인도해 왔고, 자기 수양을 위하여 얼마나 노력해 왔던가. 이 모든 것들을 조용히 반성해보면서 자신의 미래를 위하여 착실히 계획을 알차게 세워야 할 것이다.

한해가 바뀌는 이때가 되면 나는 꼭꼭 이런 생각을 해본다. '새해란 새 역사 창조에 의미가 있는 것'이지 그렇지 아니하고 막연하게 흘러간 세월만을 바라보며 무의미하게 지낸다면 무슨 의미가 있겠는가. 라고 생각해 보는 것이다.

자연의 새날은 놀고 있어도, 자고 있어도 저절로 동이 트는 것이지만 인간이 맞이해야할 새날만은 놀고 있어 자고 있어 저절로 동이 트는 것이 아니다. 그것을 위해 싸워야 하고 승리해야 한다. 그렇지 아니하고 서는 우리가 맞이해야할 새날, 기대했던 새날이 돌아올 수 없는 것이다. 다시 말하여 시간이 흐르는 대로 흘러가게 한다면 자기에게 주어진 시간이 다 끝나는 순간. 인생의 무상함을 그 때야 느낀다거나 탄식한다 해도 이미 때는 늦은 것이다. 인생이 무상하다고 탄식하기에 앞서 순간순간 주어진 시간을 야무지게 활용했다고 자부한다면 그는 반드시 훌륭한 삶을 살아온 것이요, 자아의 역사를 창조해내는 것이다.

피와 눈물과 땀의 고귀한 액체를 바쳐 새 역사 창조해야

나는 등산하기를 좋아한다. 산에 오르는 진미는 무엇보다도 정상에 올라 천하를 한 눈에 굽어보는 통쾌한 그 심정이다. 정상에 오르기까지의 그 고된 오름길이 더욱 보람을 느끼게 하고 정상을 딛고 선 그 정복의 희열이란 느껴본 사람이 아니고 서는 참으로 이해하기 어려울 것이다.

때로는 구름이 발밑에 꿇어 업들인 쾌감이요, 그렇게 혼잡하고 아우성이던 도시가 한 눈에 굽어보이며, 어쩌면 내 손바닥 안에 쥐어질 것만 같은 호탕한 마음이 일기도 한다. 영원한 신비의 세계라고만 느껴졌던 푸른 하늘도 바로 이마에 닿을 듯하고 천하가 모두 내 품에 안긴 듯하다. 그저 아름답고 장엄하다는 감각적인 작용을 넘어 산은 참으로 우리에게 위대한 교훈을 가르쳐 주고 있다.

도전의 길은 고난의 길이요, 고난의 길은 정상을 향한 길이며, 정상을 향한 길은 대망을 향한 길임을 말해주고 있다. 대망을 향한 길이기에 영광을 위한 길인 것이다. 대망을 향해 정상에 도달하려면 용기가 있어야 하고, 악전고투惡戰苦鬪의 극기력克己力이 있어야 하고, 칠전팔기七顚八起의 인내심이 있어야 한다. 피눈물 나는 천신만고千辛萬苦를 감내해야 한다. 이럴 때야 만이 정상에 이르는 것이다.

그 근본은 무얼까. 3대大 액체다. 피와 눈물과 땀을 가리켜 인간의 고귀한 3대 액체라고 한다. '피'는 용기勇氣와 결단決斷의 상징이요, '눈물'은 정성精誠과 사랑의 상징이며, '땀'은 근면勤勉과 노력努力의 상징이라 했다. 피와 눈물과 땀을 흘리지 않는 자가 위대한 인물로 각광을 받은 일이 동서고금東西古今을 막론하고 그 예가 없고, 뛰어난 역사나, 위대한 업적도 없다. 너무 큰 예화例話인지는 모르지만 인류의 죄를 대속하기 위해 십자가에 못박히신 예수그리스도는 돌아가시기 직전 마지막으로 하신 말씀이 ≪다 이루었다.≫고 하셨다. 이 말의 의미는 '새 역사를 창조했다'는 뜻이다. 이같이 새 역사 창조는 참으로 어려울 지라도 인류가 영원이 간직할 가치가 있는 삶이 되는 것이다.

국가 백년대계에 이바지 하는 길

아무튼 올해는 우리의 마음 자세가 자신부터 바르게 정돈 해야겠다. 그래야만 나도, 사회도. 국가도, 인류도, 정치도 ,경제도 사회, 문화, 학계, 언론 등 모두도 찬란히 빛날 것이다. 이것이 마땅히 돌아가야 할 정도正道이기 때문이다.

그렇지 않는 한 우리나라가 대모 천국이란 오명도 씻지 못할 것이요, 헐고, 뜯고, 물고, 짓밟는 아수라장 같은 정치판도도 백년하청百年河清이 될까 두렵고, 만시지탄晩時之歎에 이르지 않을까 두렵다.

금년만은 우리 모두 남을 탓하기에 앞서 자기 자신이 그간 얼마나 정도正道를 걸어 왔는가를 곰곰이 되돌아보며 행동하는 한해가 되어야겠다. 그리고 우리 모두를 위하여 피와 눈물과 땀을 쏟아 새 역사 창조를 위해 헌신해 왔는가를 깊이 반성해 보면서 자아의 인생관과 가치관부터 바로 정립하는 새해가 되어야겠다. 이것이 기대할 수 있는 민주주의 길이요, 국가의 근본 원리며, 금년에 대선을 바르게 치러 국가 백년대계에 이바지하는 길이다. (2007. 1)

새 학기를 맞이하여 교육에 거는 기대

3월은 새 학기가 시작되는 달이다. 학교마다 새 학년을 맞이하여 새로운 계획으로 공부를 시작한다. 그러므로 의욕에 찬 달이요, 희망이 부풀은 달이다. 학생들뿐 아니라 학부모도 국민들도 학생들에게 거는 기대감이 충만한 달이기에 힘찬 맥박이 뛰노는 생명의 달이다.

유치원과 초등학교에 막 입학한 귀여운 어린이들의 맑은 눈동자에서, 중·고등학생들의 새로운 의지와 결심으로 다져진 마음가짐에서, 각 대학도서관과 공공도서관을 가득매운 대학생들의 일심불란一心不亂한 면학정신에서 한국의 강한 의지를 발견한다.

온갖 정성을 다 기우려 교단에서는 교사들의 열정과 투혼鬪魂, 대학 강단에서 강의에 몰두하는 교수들의 정혼精魂, 이 모두가 발전하는 한국의 미래상을 보는 듯하여 기대가 부풀어 오르는 3월이다.

세계 속에 한국이 우뚝 서게 하는 것이 바로 교육의 힘이요, 문화

국민으로서의 자부와 긍지도 교육의 힘이며 잘 사는 경제대국이 이루는 것도 역시 교육의 힘이다. 한말로 말하여 교육은 인간을 인간되게 하여 삶의 보람과 가치를 느끼게 하고 누리게 하는 힘인 것이다. 그러므로 세상에 배우고 가르친다는 것처럼 보람 있고 흐뭇한 일이 어디 있으며 빛나는 내일을 이룩하는 희망에 찬 일들이 어디에 있겠는가.

인간은 행동하는 존재다. 산다는 것은 행동을 전제로 하기 때문이다. 행동하므로 생산이 이루어지고 창조가 이루어지는데 그 바탕을 이루는 것은 교육이다. 그러므로 산다는 것은 배움에서부터 시작되는 것이요, 사람다운 삶을 이룩하기 위해서는 배워야 하는 것이다. 그러기에 선인들은 생즉학生則學이요, 학즉생學則生이라고 했다.

우리는 이같이 유교의 숭문사상崇文思想을 바탕으로 해서 우리나라가 교육국가教育國家로 자리 잡게 된 것이라고 본다. 우리의 선인들의 정신적 지주로 여겼던 책이 논어論語였다. 다시 말하여 우리 선인들의 바이블이 논어라고 하리만큼 소중한 책이었다. 이 책의 첫 권인 학이學而편에 학學자로부터 시작했다. 그 첫 문장에 학이시습지學而時習之면, 불역열호不亦悅乎라 하였는데 이는 배우고 때때로 익히면 어찌 기쁘지 아니하겠는가. 란 뜻이다. 표현은 퍽 간결하지만 여기에 담긴 의미는 매우 심오하다.

한 나라의 정치, 경제, 사회, 문화, 도덕은 그 나라의 교육수준과 비례한다. 교육은 그 나라의 미래를 좌우한다. 경제의 투자도 중요하고 산업발전을 위한 투자도 참으로 중요하다. 중요한 투자 중에도 최고의 투자는 교육의 투자다. 그 까닭은 선진국하면 교육이 앞선 나라를 의미하는 것이지 경제가 앞선 부자의 나라를 지칭하지를 않는다. 부자의 나라라면 산유국들이 모두 선진국이어야 하는데 우리는 그렇게 부르지 않지 않는가?

우리나라 사람처럼 배우고 공부하기를 힘쓰는 국민은 세상에 없다. 과거 가난했던 그 시절, 당장 끼니 끓일 것이 없는데도 자식의 교육을 위해 논밭은 물론 세간까지 모두 팔아 교육비에 바친 나라 국민은 우리들뿐이다. 그러했기에 세계에서 유래 없이 50여년의 단기간 내에 원조에 의존했던 나라에서 원조를 해주는 나라로 그것도 G20개국 의장국으로 탈바꿈한 부자의 나라가 된 것이 아닌가.

흘러가지 않는 물은 썩는다. 이와 마찬가지로 아무리 재능이 뛰어나는 국민이라 할지라도 안일安逸 속에 빠진다든가 아니면 경제교육에 치우쳐 정신교육을 등한시 한다면 평행성을 잃은 교육이 되어 교육의 가치가 상실되거나 침몰 되고 만다. 이는 교육의 이념인 홍익인간의 이념을 잃기 때문이다.

교육처럼 무서운 힘으로 등장하는 것은 없다. 커다란 자본으로 놀랍게 발동하는 것도 따지고 보면 교육의 위대한 힘인 것이다. 이같이 위대한 교육이기에 온 국민은 희망을 가지고 3월의 새 학기를 맞이하여 학교교육에 기대를 걸어본다.

(2009. 3)

예수가 인류에게 끼친 위대한 공적

– 크리스마스를 맞이하여 우리의 각오와 다짐 –

금년에도 어김없이 크리스마스를 맞이하게 된다. 연례행사처럼 맞이하는 크리스마스가 아니기를 간절히 기원하면서 예수그리스도가 이 땅에 오셔서 인류에게 끼친 위대한 공적을 생각해보도록 한다.

특히 현대문화·문명은 오늘에 이르기까지 끊이지 않고 물심양면으로 인간의 심층부까지 커다란 영향을 준 기독교 정신에 직접 또는 간접적으로 의존해왔다고 해도 어느 누가 비난할 사람은 한사람도 없을 것이다. 그만큼 인류에게 끼친 업적은 위대했다.

우리가 인류역사를 회고해 볼 때 인간은 나면서부터 약육강식弱肉强食의 계급사회가 자연의 근본 원리처럼 굳어져 있었다. 동식물의 세계가 그러하고 인간의 역사 역시 그랬다. 부유한 사람이 있는가하면 헐벗은 사람이 있었고, 귀족이 있는가 하면 천민이 있었다. 의인이 있는가 하면 죄인이 있었고, 관공서에도 예외가 아니어서 고관이 있는가 하면 말단직의 관리가 있었다. 인종 또한 그러했다. 백인과 황인과 흑인이 있어 차별을 받아온 것이 사실이었으며 남녀의 차별까지 있었던 지난날의 사실을 누가 부인 하겠는가. 이 같은 사실이 사상으로 굳어져버린 것이었기에 누구나 당연한 것으로 여겨왔고 이것이 숙명인양 살아왔다. 눈물과 한숨과 슬픔이 있을 지라도 이것이 태어난 운명이니 누구에게 하소연한단 말인가. 이렇게 체념하며 살아온 것이 지난날의 우리의 삶이었다. 얼마나 처절한 삶인가?

그러던 인생이 예수 탄생으로 인하여 이 땅에 태어난 남녀노소 누구를 막론하고 하나님의 자녀이기 때문에 인간은 다 똑같이 평등하다고 예수님은 기독교의 사상을 이 땅에 펴 놓았던 것이다. 이같이 기독교의 사상이 인류에게 준 선물이야말로 막중한 것이 아닐 수 없음을 깊이 인식하면서 예수 그리스도의 탄생을 축하하며 위대한 공헌을 찬양해야 할 것이다.

이 사상을 근거로 유엔 헌장이 이루어졌는데 그 내용을 보면

"신神의 같은 자녀이기 때문에 동등해야 하고, 서로 동기를 사랑하듯이 사랑해야 하고, 서로 돕고 서로 위로하여 인간가족을 이루어야 한다."는 원리원칙도 이루어진 것이다.

만일 예수 탄생이 없었더라면 기독교의 사상이 있을 수 없으며 그러한 세상에 우리가 살고 있다면 약육강식이 마치 자연의 원리나 진리가 되어 우리는 두려움과 불안으로 한시도 마음 놓을 수 없는 상황이요, 세상일 것이니 이것을 상상만 해도 너무도 끔직한 일이 아닐 수 없을 것이다.

좀더 구체적으로 말하면 필연적으로 강자의 힘은 곧 진리가 되고

법이 되었을 것이며, 약자는 사랑하는 처자를 강자의 노예나 소유로 빼앗기게 마련일 것이다. 또한 인간의 인격이나 인간의 존엄성은 있을 수 도 없으며, 강자가 시키는 대로 짐승처럼 해내냐 하는 인간 세상이 아니었을까?

기독교가 있었기 때문에 즉 구세주 예수가 탄생했기에 벌써 죄로 멸망당해야 할 인류가 생존하고 있는 것이다. 성경에 의하면 소돔과 고모라 성이 의인 10사람이 없어 멸망당했다고 기록이 되어 있다. 이는 당시 그 성 안에 하나님을 믿는 신자들이 모두 사이비 신자였음을 말해주고 있는 것이다. 과연 이 시대, 우리가 흔히 말하는 종말의 시대에 사는 자들로서 예수그리스도의 사랑의 십자가, 피의 공로가 없었다면 실로 인류 종말의 위기를 어떻게 극복할 수 있었으며 기독교 역시 오늘처럼 존재할 수 있었을까.

좀 더 구체적으로 말하면 인류가 돌이킬 수 없는 죄악을 대속하기 위해 예수 그리스도가 탄생한 것이다. 아담과 하와의 죄는 그만 둘지라도 그 이후의 삶을 고대 역사를 통해 살펴볼 때 정욕에 불붙은 인간들의 삶이 마침내 비인간화非人間化의 삶 자체로 전락 되어 육체소욕肉體所慾으로 치닫게 되었기에 죄악은 이 땅에 관영했던 것임을 우리는 잘 알고 있다. 이 죄악을 대속하기 위하여 예수가 탄생했고 십자가에 희생한 것이다.

예수 그리스도는 이 땅에 계시는 동안 우리에게 윤리계명을 가르치고 명命하셨다. 그 어느 성자聖者도 생각해보지 못했던 최상의 윤리 강령을 처음으로 가르쳤던 것이다. 즉 〈남을 미워하는 것은 살인하는 죄와 같으며〉 〈네 이웃을 네 몸같이 사랑하라.〉 〈남을 도와줄 때에는 바른 손이 한 것을 왼 손이 모르게 하라.〉〈남의 허물을 용서하되 일곱 번씩 일흔 번이라도 용서하라.〉〈너의 왼 뺨을 때리면 너희 오른 쪽 뺨까지 돌려대라.〉〈너를 미워하는 자가 있거든 그를 위해 기도하라 그러면 그의 이마에 숯불을 놓듯이 뜨거운 감동을 주어서 뉘우치게 하리라.〉등 이같이 주옥과 보배보다도 더 값진 교훈을 우리에게 무수히 주었던 것이다.

이러한 교훈으로 어두운 세상을 이만큼이나마 밝게 했다고 할 만큼 기독교인들이 자신 있게 말할 수 있으리만큼 믿음의 생활을 바르게 하고 있는지, 우선 자기 자신부터 엄숙하게 반성할 때가 바로 이 때가 아닌가 생각된다.

그리고 금년 크리스마스를 맞이하여 예수를 믿는 사람이든 믿지 않는 사람이든 우리 모두가 메시아인 예수 탄생의 의미를 가슴 깊이 되 세기며 그분의 탄생을 축하는 지, 아니면 형식적인 크리스마스를 맞이하는 지, 자성해보면서 어느 해보다 뜻있는 성탄절이 되어야 할 것이다.

(2006. 12)

자살과 생명의 의미

요즘 왜 이리도 자살자가 많아지는가 무엇이 인간의 삶을 절망케 하여 최후 나락에 빠뜨리는가. 이런 생각을 하며 서울 인사동 거리를 지날 때였다.

그때 아주 다정했던 오래전 친구를 만났다. 그 친구는 60년 중반에 우리나라 유수대학에서 철학을 전공한 후 얼마 안 되어 미국으로 건너가 거기서 자그마한 사업체를 경영하며 살아온 친구다. 무척이나 반가운 마음으로 찻집을 찾았다. 오랜 세월이 흐른 지금까지도 여전히 철학이 몸에 밴 듯했다. 차를 마시며 그간 살아온 이야기와 세태에 대한 이야기를 나누었다. 그중에서도 요즘 자살의 빈도가 높아져 가고 있는 현실을 주제로 한 이야기였다. 그 친구는 자살자들을 보면 퍽 마음이 아프다고 했다. 천하보다 귀한 자기의 생명을 죽음으로밖에 해결할 수 없었던 그 절박한 심정을 헤아려 보지만 그보다 더 중요한 것은 죽음은 현실 도피처가 아님을 깊이 생각해 보아야 한다고 했다. 무슨 말을 하려는가 하여 귀를 기우렸다

몸은 비록 고통에 시달리고 있어 생을 마치고 싶지만 그 육체 안에는 또 다른 영혼의 세계가 존재하고 있기에 자살은 자기 영혼에 대한 큰 죄악이라고 했다. 자기의 영혼은 영원히 행복해야할 가치를 지니고 있는데 육신이 기한 전에 세상을 떠나면 집을 잃은 영혼은 말할 수 없이 처참한 지경에 떨어지고 만다고 했다. 육체 밖으로 쫓겨난 자기 영혼은 육체가 겪은 그 괴로움보다도 몇 십 갑절 더 심한 고통을 받는다고 말하며 장황한 이론을 전개한 뒤 우리는 서로 헤어졌다.

친구의 이야기가 이해된다. 기독교에서는 자살한 영혼은 영원히 꺼지지 아니할 유황불 속에서 고통을 받는데 이곳을 지옥이라고 말하고 있고, 불교에서도 자살은 살생이므로 지옥으로 떨어져 처절한 고통에 신음한다고 하며, 무속 역시 자살자의 영혼은 갈 곳이 없어 구천을 떠도는데 그 길은 너무도 험난한 가시밭길이라서 매일같이 울부짖고 있다고 했다.

철학은 자살이 인생에서 가치가 있는 것인지 없는 것인지를 밝히는 학문이다. 그러기에 키케로는 "우리들 속에 지배하고 있는 신성神聖은 그의 통치 없이 현세를 떠나는 것은 큰 죄악이다." 라고 했고, 소크라테스도 "신이 소환할 때까지 기다려야 하며 스스로 생명을 빼앗아서는 안 된다."고 했다.

이 모든 이론들을 종합해 볼 때 자살은 돌이킬 수 없는 큰 잘못이다. 현실의 고통만 생각할 뿐 자기의 영혼의 고통을 생각지 못한 어리석은 행동이다. 최종 단계를 바라보지 못한 무지의 소치다. 그러므

로 우리는 어떠한 육체의 고통이 부딪치고 겹친다 할지라도 참고 견디며 이겨내야 한다. 는 이론에 도달한다. 이런 생각을 하는 동안 "감당할 시험 외에는 너희에게 주지 않는다."라고 한 성경의 말씀이 떠오른다. 자연히 고개가 끄덕여진다.

심리학을 전공한 모 상담자의 통계에 의하면 '자살을 왜 생각하게 되는가?' 이런 질문에 많은 젊은이들이 답하기를 "요즘은 아무리 주위를 살펴보고 또 보아도 자기 마음을 털어 놓고 이야기할 사람이 단 한명도 없다."고한 대답이 1위를 차지했다는 것이다. 물론 경제적인 이유도 뒤를 잇기도 했지만 어찌하든 우리의 삶을 멍들게 하는 것이 고독임에는 틀림이 없다.

물론 고독한 삶이 어제 오늘 일만은 아니다. 옛날에는 사람이 없어 고독했고 오늘날은 사막의 모래알처럼 무수한 인간들이 있음에도 자기 속마음을 털어 놓을 자가 없기에 고독한 것이다. 정말 그러하다. 요즘 현실을 보면 고독은 '최후 탈출구마저도 막혀버린 극단의 상황'처럼 보인다. 이것이 큰문제인 것이다.

고독은 사랑이 메마른 데서 오는 현상이다. 사랑에 굶주려 중병에 신음하고 있는 현상이다, 스트레스의 근원도 여기에 있다. 이러한 현실을 입증해 주고 있는 것이 우울증 현상인데 언론사 통계에 의하면 전 국민의 65% 이상이 이 증세에 시달리고 있다한다. 심지어는 초등학생부터 노인에 이르기까지 연령층과 계층에 관계없이 우울증에 고생하고 있다고 하니 구구한 예화를 늘어놓을 필요도 없다. 고독 앞에는 수많은 물질도 빛나는 명예도 그간 애써 쌓아올린 지식도 모두 굴복하게 되어 하루아침에 물거품이 되는 것이다.

이론과 지식과 계산으로는 도저히 풀려지지 않고 오직 사랑의 열쇠만이 열 수 있고 풀 수 있는 것이 고독이다. 불가능을 가능으로 만드는 것이 사랑이요, 어떠한 고통에서도 구출해 내는 것도 따져보면 사랑이며 극한의 상황에서 기적을 일으키는 것도 역시 사랑이다. 사랑은 인생에서 없어서는 아니 될 최고의 가치요 만병통치의 약이다. 그러기에 이 세상의 모든 부귀영화를 다 얻었다 해도 사랑을 잃으면 우리의 세계를 잃은 것이다. 그러기에 성경은 사랑은 모든 율법을 완성한다고 했다.

사람이 이 세상에 태어난 까닭은 무엇 때문일까. 절대자의 준엄한 명령이 생명 안에 존재해 있는 의미는 무얼까. "열심히 살아가라는 뜻이다." 이것은 자연의 계시를 통해 우리에게 말해주고 있고 보여주고 있다. 아무도 없는 깊은 계곡에서 자라는 풀포기에도 따뜻한 햇볕과 알맞은 수분과 자양분이 공급되면 싹이 나고 꽃이 피고 열매를 맺는다. 햇볕과 수분과 자양분의 조화는 생명을 돕는 사랑이라고 한다면 생명의 약동은 열심히 살아보려는 신의 뜻이다. 그러므로 성경은 서로 사랑하라고 했고, 땀 흘리지 않는 자는 먹지도 말라고 했다. 땀은 열심을 말하고 먹는다는 것은 생명 즉 삶을 말한다.

어떠한 고생의 대가를 치러가면서라도 우리는 '열심히 살아야 한다. 이것이 절대자의 뜻이요 명령이다. 이렇게 절대자의 명령에 순응할 때 식물이 탐스러운 열매를 맺듯이 인간에게는 보람도 이상도 성취되는 것이다. 인간의 노력과 재능에 따라 그 차이는 있을지언정 반드시 그 대가는 이루어지는 것이다. 이것이 절대자의 뜻이다.

(2009. 9)

한글의 우수성과 우리민족의 긍지와 자부

올해로 563돌을 맞는 한글날이다. 한글은 매우 독창적으로 창제된 소리글자다. 어떠한 소리도 충분히 표기할 수 있는 글자다. 너무도 짜임이 과학적이고 체계적이어서 어느 나라 언어도 우리의 한글만큼 우수한 언어는 없다. 그 증거로 세계의 공통언어인 영어가 자모 26자로 구성되어 있으나 우리의 한글은 2자가 적은 자모 24자로 구성되어 있다는 점이다. 언어체계 면에서 볼 때 그 차이는 엄청나다. 그 한 예로 알파벳 A와 B자가 들어가 형성된 단어 수가 얼마나 많은가. 이 두 자를 뺀 24자 만으로 능히 언어가 소통되겠는가.

현재 세계 공통어인 영어가 알파벳 26자의 체계로 표기하고 있지만 어느 나라 언어이건 그음을 그대로 영어로 표기할 수 없다. 그런데 우리 한글은 24자의 체계일지라도 표기하지 못할 자가 전혀 없다.

그러기에 인도네시아 소수민족인 찌아찌아족이 사라져가는 자기들의 토착어를 지키기 위해 우리 한글을 그들의 공식문자로 채택했다. 그 이유는 자기들의 토착어를 그대로 표기해야겠는데 한글이 가장 정확히 표기할 수 있고, 또 배우기 쉽다고 그들이 여겼기 때문이다. 이 사실을 최근 뉴욕타임스를 비롯 외신에 보도된 바가 있다. 그리고 유네스코는 한글을 세계기록문화 유산으로 지정했다.

그뿐이 아니다. 그 나라의 문자를 만든 학자들과 그 글자의 운용체계와 과정, 그리고 완성되어 공포한 날짜가 명확히 기록으로 남겨놓은 경우는 한글 말고는 전 세계 어느 글자도 없다. 이 모든 점으로만 보아도 얼마나 우리의 한글의 우수성이 드러나는가.

이를 세계 학자들은 증명해주고 있다. 김정일 동서문화 발행인이 지상에 발표한 글을 보면 아테내대학 바비니오타스 총장은 한국어는 그리스어와 함께 우수한 알파벳 표기체제를 갖춘 매우 경제적이며 민주적인 문자다. 라고 격찬했다. 그리고 1960년대 하버드대학 라이샤워 교수와 페어뱅크 교수는 '동아시아 그 위대한 전통'이란 저서에서 한글의 과학적 우수성을 말했다. 1963년 미시간 대학동아시아 언어 논문집에서도 언어학자 포스트는 한글이 '보이는 음성'에서 제시한 아이디어보다 4백년 앞섰다고 경탄했다. 그리고 대지를 쓴 소설가인 펄벅도 한글이야말로 세계에서 가장 빼어난 글자이며 어떠한 언어와 음성이라도 다 표기할 수 있는 글자라고 극찬했다고 했다.

이같이 세계에서 한글의 우수성을 인정해주고 있는데도 실상 우리는 어떻게 사용하고 있는가. 현재 인터넷에서 쓰고 있는 언어들을 보면 한심스럽기 짝이 없다. 축약어, 은어, 비어, 밀어 등을 무분별하게 사용하고 있어 너무도 어지럽다. 또 우리의 일상 언어는 어떠한가. 사투리, 욕설, 막말 등이 난무하여 우리말의 장래가 심히 염려스럽지 않을 수 없다.

뿐만 아니라 거리의 간판을 보라. 정식으로 인정받지 못한 외국어와 외래어들로 써진 것들이 아무 꺼리낌 없이 버젓이 걸려 있고 우리말로 표기되어도 아무런 손색이 없는데도 구지 외국어를 써야 상품의 품격을 높일 수 있는 것처럼 여기는데 이래도 될 것인가. 그들은 세계화를 빙자하여 자기의 뜻을 굽히지 않고 사용하고 있다. 또 우리의 일상생활에 사용되는 언어 중 외래어와 외국어 사용은 어떠한가. 우리말이 부족하기에 부득이 차용해서 쓸 수밖에 없는 말들인가. 아니라면 그 이유는 무엇인가.

우리는 좀 생각해 볼 일이다. 우리 것을 토대로 한 가운데 외래어를 받아들이는 것은 참으로 좋은 일이요 어느 의미에서는 권장도 할 일이지만 자기 과시를 위해 마구 외국어를 사용한다면 국어를 업신여기는 일이요 주체성을 상실한 처사라 아니할 수 없다.

우리는 이 같은 일들을 반성하면서 우리의 글인 한글을 갈고 닦아야 한다. 문자를 가진 민족이 문자 없는 민족보다도 위대한 문화를 건설 한 예는 세계 역사를 통해 넉넉히 알고 있다. 그 중에서도 우리와 같이 훌륭한 문자를 가지고 있는데도 그에 버금가는 문화를 이루지 못한다면 이는 우리의 책임이다. 조상들로부터 물려받은 한글을 아름답게 다듬고 정성들여 발전시켜야 한다. 이 일이 우리가 가야할 우수한 민족의 길이요, 우리의 긍지와 자부심을 기르는 길이다.

(2009. 10)

하재준 칼럼집

지극히 **작은** 자가 가장 **큰** 자

인　　쇄　2010년 5월 15일
발　　행　2010년 5월 20일

저　　자　하 재 준
발 행 인　서 정 환
발 행 처　신아출판사

출판등록　1984년 8월 17일 28호
주　　소　전주시 완산구 태평동 251-30
전　　화　(063)275-4000, 252-5633
팩　　스　(063)274-3131
메　　일　sina321@hanmail.net

값 10,000원

ISBN 978-89-5925-697-6　　03810